www.tredition.de

AF196586

Jörg Daniel Feist

Eine Reise in die Normalität

Mein Weg in ein gesundes Leben

www.tredition.de

© 2020 Jörg Daniel Feist

Verlag & Druck: tredition GmbH, Halenreie 40-44, 22359 Hamburg

ISBN
Paperback: 978-3-7497-8540-7
Hardcover: 978-3-7497-8541-4
e-Book: 978-3-7497-8542-1

Inhalt

Kapitel 1 - Einführung.............................7

Wer bin ich?.............................8

Kapitel 2 - Die Situation.............................9

Übergewicht.............................10

Lösungsstrategien.............................14

Kapitel 3 - Der falsche Weg.............................18

Klassische Ansätze.............................19

Ausgangssituation.............................24

Adipositas Chirurgie.............................27

Ziele.............................34

Kapitel 4 - Mein Weg - Teil 1.............................37

Die Vorbereitung.............................38

Operation, die erste!.............................42

Immer in Bewegung.............................49

Alles für die Schönheit.............................51

Kapitel 5 - Mein Weg - Teil 2.............................55

Bypass.............................56

Das „neue Ich".............................63

Kapitel 6 - Die vier Thesen des J..............................67

These 1.............................68

These 2 74

These 3 79

These 4 82

Kapitel 7 - Mein Weg - Teil 3 84

Was denn jetzt noch? 85

Kapitel 8 - und dann war da noch... 91

E N D E ! 95

Kapitel 1 - Einführung

Wer bin ich?

Mehr oder weniger kurz nach der 40, 178cm, 85 kg, blond (wenn auch nur noch am Körper da Glatze), eigentlich ganz normal aber irgendwie auch anders!

Das klingt zwar wie der Anfang einer Kontaktanzeige, ist es aber nicht. Es ist der Versuch, für ein schwieriges Vorhaben einen Anfang zu finden.

Welches Vorhaben? Das wiederum ist einfach: Ich möchte aufschreiben, was mir im Zusammenhang mit meinem Gewicht und allen dazugehörigen Faktoren widerfahren ist und was ich daraus gelernt habe.

Das klingt nach einem echten Klugscheißer? Aber sowas von!

Ich bin nun mal ein Schlauschwätzer und auch verdammt stolz darauf. Es gibt wenig, was mir mehr Freude bereitet, als etwas zu wissen oder noch besser: Besser zu wissen!

Aber neben dieser Leidenschaft geht es mir auch darum, ein vollständigeres Bild auf ein Thema zu zeigen, dass so viele von uns beschäftigt.

Kapitel 2 - Die Situation

Übergewicht

Adipositas

Bei der Adipositas (lat. adeps ‚Fett'), Fettlei-bigkeit oder Obesitas (selten Obesität; engl. aber fast nur obesity), umgangssprachlich auch Fettsucht, handelt es sich um eine Er-nährungs- und Stoffwechsel-krankheit mit starkem Übergewicht, die durch eine über das normale Maß hinausgehende Vermehrung des Körperfettes mit krankhaften Auswirkun-gen gekennzeichnet ist. Nach der WHO-Defi-nition liegt eine Adipositas ab einem Körper-masseindex (BMI) von 30 kg/m²[1] vor.

Dabei wird in drei über den BMI voneinander abgegrenzte Schweregrade unterschieden.

Doch wo genau fängt man an, wenn man über ein Thema wie Übergewicht sprechen möchte? In der Kindheit?

Ja, so richtig schlank war ich noch nie. Es war in den frühen Kinderjahren nie extrem, aber eben auch nicht normal. Nach dem Babyspeck war ich stabil, dann eher kräftig, daraus wurde irgendwann ein wenig pummelig. Natürlich gab es auch einige (leider nur wenige) Phasen, in denen das schnellere Längenwachstum für den Eindruck sorgte, ich würde dünner, das war aber meist auch schnell wieder vorbei.

Ich denke es ist am einfachsten, die ganzen „hin's und her's" mal am Rande liegen zu lassen. Andernfalls müsste ich erst einmal ein Psychologie-Studium absolvieren, um mir sinnvolle Gedanken zu machen, was Erfahrung ist, was Erziehung und was durch die Gene kommt und was anderen Einflüssen folgt.

Ganz ehrlich: Habe ich gar keinen Bock drauf und vertrau mir: Du auch nicht!

Also: Zeitsprung in die 20er.... irgendwann war ich dann also dabei, mein eigenes Leben aufzubauen, mit allen Macken, guten und schlechten Erfahrungen, die man mit Anfang 20 schon gemacht hat (ok, bei mir waren es vielleicht ein paar mehr ;-) und steckte in meiner Berufsausbildung.

Ja Du hast Recht, das ist in dem Alter etwas spät, aber bei mir war es nun mal so.

Rein gewichtsmäßig hat es einfach nicht funktioniert und ich hatte die Sorge, dass es immer mehr wird. Ich hatte also (mal wieder) das Gefühl, ich müsste etwas dagegen tun und bekam von meiner Hausärztin einen super Tipp: Halten Sie sich doch einfach mal an die Diät, die man während der Einnahme von Xenical machen soll, ohne das Medikament einzunehmen!

Einfach ausgedrückt: Lass doch mal das ganze Fett weg! Eines vorweg: Das klappt super! Man isst irgendwie nicht mehr als 60g Fett pro Tag und die Pfunde purzeln ohne Ende; wenigstens erst einmal. Natürlich ist alles, was schnell geht und dazu auch noch lecker schmeckt, tabu. Fast Food? Never.... Schokolade, Süßkram, Kuchen? Auf gar keinen Fall! Witziger Weise reduziert man automatisch auch den Zucker, da die beiden Bösen - also Fett und Zucker - einfach unheimlich oft zusammen als Duo auftreten. Also lief alles super, allerdings wie das mit diesen Diäten nun einmal so ist: Man muss sie für den Rest seines Lebens durchhalten. Und mit Anfang 20 ist der Rest des Lebens einfach dafür zu lange. Es kam daher, wie es kommen musste, die Selbstkontrolle wurde weicher, die Ausnahmen immer mehr und nach nur sehr kurzem Stillstand ging es rapide wieder bergauf - also mit dem Gewicht. Im Grunde war ich sehr verständnisvoll, vor allem meinem inneren Schweinehund gegenüber.

Ich konnte gar nicht so schnell zuschauen, wie die Kilos wieder zurückkamen. Ich glaube ja bis heute, dass die einfach gar nicht weg waren. Die sind nur zur Türe raus und haben an der nächsten Ecke gewartet, bis sie ganz schnell wiederkommen konnten.

Und schwupps, die 140kg Marke war geknackt. Stopp! Nicht zurückblättern! Ich sagte eingangs, ich bin 178cm groß also war ich mit 140kg richtig dick. Der Frust stieg, das Gefühl, das Gewicht niemals in den Griff zu kriegen klopfte so langsam an der Tür und ich dacht immer öfter daran, diesem Gefühl die Tür zu öffnen.

In diesem Zusammenhang mal ein kleiner Tipp am Rande: Während man vor der Vordertür steht (von innen) und sich überlegt, dem Gefühl die Tür zu öffnen, vergisst man etwas Wichtiges: Die Hintertür ist gar nicht verschlossen und - ohne es zu wissen - ist das Gefühl längst drin! Also nichts vormachen: Wenn wir es merken, dass sich das Gefühl meldet, ist es längst drin!

Daher tat ich das einzig denkbare: Verdrängen! Irgendwie versuchte ich dafür zu sorgen, dass das Gewicht nicht schlimmer wurde und fertig.

Toller Plan, hat leider auch nicht funktioniert. Ständiges hoch und runter vom Gewicht, nie viel aber mit einer klaren Tendenz: es ging einfach immer weiter nach oben! Und wie gesagt, anders als beim Gehen ist beim Gewicht der Weg nach oben einfach viel, viel leichter als der Weg nach unten.

Lösungsstrategien

Problem lösen

Unter Problemlösen versteht man die Überführung eines Ist-Zustandes gegen Widerstände in einen Sollzustand durch intelligentes Handeln, meist durch bewusste Denkprozesse. G.H. Wheatley gab die launige Definition „Problemlösen ist das, was man tut, wenn man nicht weiß, was man tun soll".[1] Unzufriedenheit gilt als eine Befindlichkeit, die jemanden dazu veranlassen kann, einen Ist-Zustand als Problem aufzufassen. Die Abfolge unterschiedlicher Teiltätigkeiten im Rahmen eines solchen Vorganges bezeichnet man auch als Problemlösungsprozess. Erforscht werden die Grundlagen des Problemlösens von der Denkpsychologie, der Kognitionswissenschaft und der Entscheidungstheorie.

Also waren es dann irgendwann 150kg. Das war für mich scheinbar eine magische Grenze. Plötzlich hatte das Gefühl, gegen das Übergewicht nichts tun zu können, gewonnen. Ich habe ihm geglaubt, war überrascht und sehr froh, als ich trotzdem einen Partner fand und fing an so Einiges umzustellen.

Leider handelte es sich bei diesen Änderungen um nichts Positives. Wenn ich vorher versuchte, mich noch irgendwie in XXL-Klamotten hinein zu schießen (sorry, aber anziehen konnte man das bei bestem Willen nicht mehr nennen) fing ich an, einfach immer größer zu kaufen. Es gibt schließlich auch 3XL. Das Shirt in 3XL ist etwas eng im Sitzen? Kein Thema, dann halt 4XL.... und immer so weiter.

Das alles brachte mich an einen Punkt, den man bei einem Drogensüchtigen wohl „Tiefpunkt" nennen würde: 6-7XL, 172,4kg und dazu einen bunten Strauß an Problemen:

- Diabetes, der mit Tabletten kaum einzustellen war

- Bluthochdruck

- Schlafapnoe

- völlig gestörter Fettstoffwechsel

- Rückenprobleme ohne Ende

- Schweißausbrüche schon beim Nachdenken über Bewegung

Ich denke, die Liste kennt bis hier her jeder, aber da ist noch so viel mehr:

Man hat zu jeder Sekunde seines Lebens einen Teil seiner Aufmerksamkeit auf sein Aussehen:

Spannt das Shirt am Bauch?

Wirke ich noch fetter, wenn ich nicht seitlich stehe?

Was denken die Anderen, wenn ich soviel esse, wie ich möchte? Ach nein, für mich nur einen kleinen Salat, vielen Dank!

Als ob irgendeiner glauben würde, dass ich von kleinen Salaten so dick geworden wäre!

Und dann kommen da auch noch die vielen Schwierigkeiten dazu, über die man auch als Dicker unter Dicken nicht sprechen möchte. Ich nenne nur mal ein Beispiel: Wenn ich zur Toilette musste (ja, ich meine „groß") dann wusste ich schon vorher, dass ich gleich Schmerzen und Krämpfe haben werde, denn der Weg um den Bauch, den seitlichen Hüftspeck und dann bis zum Ort des Geschehens runter, muss man mit Papier in der Hand und vor allem mit Armen schaffen, die nicht proportional zum Bauch mit in die Länge wachsen! Mit einfachen Worten: Meine Probleme fingen morgens auf der Toilette an, begleiteten mich den gesamten Tag und kamen abends mit ins Bett. Man muss wohl kein Psychologe sein, um zu verstehen, dass es nicht guttut, wenn man keine einzige unbelastete Minute erlebt.

Und was macht man bei Problemen, egal wie extrem sie sind? Ganz einfach, man versucht Lösungsstrategien anzuwenden, die man kennt.

Einmal darfst Du raten: Richtig, Diät! Machen wir es kurz, damit ich zu dem kommen kann, was funktioniert: Es war mal wieder ein Reinfall.

Wieder 30kg abgenommen, wieder ging es nicht weiter und wieder ging es sofort wieder bergauf.

Aber dann habe ich etwas gefunden, von dem ich bis heute (ca. 10 Jahre später) noch völlig überzeugt bin. Vielleicht fragst Du Dich nun, warum ich diese Lösung jetzt nicht einfach nenne, aber noch ein klein wenig Geduld, das kommt schon noch. Letztendlich soll natürlich auch ein gewisser Spannungsbogen aufrecht erhalten werden.

;-)

Kapitel 3 - Der falsche Weg

Klassische Ansätze

Diät

Die Bezeichnung Diät kommt von griechisch δίαιτα (díaita) und wurde ursprünglich im Sinne von „Lebensführung"/„Lebensweise" verwendet. Die Diätetik beschäftigt sich auch heute noch wissenschaftlich mit der „richtigen" Ernährungs- und Lebensweise. Im deutschsprachigen Raum bezeichnet der Begriff bestimmte Ernährungsweisen und Kostformen, die entweder zur Gewichtsab- oder -zunahme oder zur Behandlung von Krankheiten dienen sollen. Umgangssprachlich wird der Begriff in Deutschland häufig mit einer Reduktionsdiät (Reduktionskost) zur Gewichtsabnahme gleichgesetzt. Er bildet somit ein Synonym zur Schlankheitskur.

Bevor ich im Einzelnen darauf eingehe, was für mich die Lösung war (und immer noch ist) möchte ich eine kleine Warnung vorwegschicken:

Eine Zauberpille, ein magisches Pulver oder auch eine andere Art von leichtem Weg ohne eigenes Zutun gibt es nicht! Es ist keine Sache von wenigen Stunden oder Tagen und es gibt Konsequenzen, die das gesamte Leben verändern.

Mich z. B. hat der Weg eine Beziehung, einige Freunde und viele Einsichten gekostet. Klingt nicht nach einer guten Lösung? Stimmt! Es klingt zwar nicht danach, ist es aber trotzdem. Sicherlich fragst Du Dich jetzt so langsam, ob es wirklich Sinn macht, weiterzulesen. Mir ist durchaus klar, dass ich mich von Zeile zu Zeile schizophrener anhöre, doch bitte glaub mir, ich bin es nicht. Sheldon Cooper würde wohl sagen: Ich bin nicht verrückt, meine Mutter hat mich testen lassen. Es wird bald alles einen Sinn ergeben.

Zunächst möchte ich einige Worte darüber verlieren, was an meinen vorherigen Ansätzen falsch war, dann komme ich genau zur Lösung. Es ist wichtig, dass Du verstehst, was ich in der Vergangenheit falsch gemacht habe, denn ein Teil davon ist auch heute noch wichtig zu wissen, damit ich es nicht wieder tue.

Klassischer Ansatz: Die Diät

Jeder Übergewichtige kennt dutzende von Diäten. Sei es die Brigitte Diät, die Hollywood Diät, Atkins und wie sie alle heißen. Eines haben sie alle gemeinsam: Im Grunde müsste man sie für den Rest des Lebens durchhalten, oder wenigstens ständig wiederholen, damit man theoretisch schlank bleibt. Und wenn man, wie ich, massives Übergewicht hat, erreicht man damit nicht einmal den Zustand schlank! Lange vorher hört das Abnehmen auf und man frisst sich frustriert die mühsam verlorenen Kilos wieder drauf.

Und die ganzen Crash-Diäten? Mal ehrlich, 5 Kilos in 5 Tagen? Was hätte mir das bei 172kg geholfen?

Klassischer Ansatz: Die Ernährungsumstellung

Schon etwas besser, aber auch keine Lösung! Natürlich ist Low Carb nicht schlecht und selbstverständlich ist Weight Watchers echt ausgewogen. Die Ernährungsweise, wie ich sie nach dem „Xenical"-Plan gemacht habe ist recht ähnlich. Trotzdem frage ich mich natürlich, warum man bei solchen „Ernährungsumstellungen" eine so hohe Rückfallquote erlebt. Warum muss ich bei Gruppenprogrammen wie WW immer wieder zu den anonymen Moppeln und Ex-Moppeln gehen, wie ich die Treffen liebevoll nenne?

Ganz einfach, weil die WW die Suchtkomponente bei Dicken verstanden haben.

Sucht? Was? Davon war doch bisher gar keine Rede! Richtig, bisher habe ich Dich geschont, falls Du selbst etwas zu klein für Dein Gewicht bist, aber damit ist jetzt Schluss! ;-)

Ich bin dick und kein Alkoholiker! Na klar gibt es da auch eine Menge Unterschiede! Aber leider eben auch einige Gemeinsamkeiten:

Gemeinsamkeit: Man kann sich mit Essen belohnen!

Gemeinsamkeit: Man kann durch Essen der Realität entfliehen und sich ablenken!

Gemeinsamkeit: Man kann sich mit Essen sogar betäuben, nämlich wenn das Völlegefühl andere Gefühle, sogar Schmerzen, überdeckt!

Aber es geht hier für mich vor allem um die Unterschiede. Mal den wichtigsten Unterschied zuerst:

Es gibt keine Abstinenz! Jeder Alkoholiker weiß, dass er, um trocken zu bleiben, nie wieder auch nur einen Schluck Alkohol trinken darf. Auch ein Junkie muss seiner Droge ein für alle Mal den Rücken zuwenden.

Und was macht der Übergewichtige? Nie wieder etwas essen? Schwierig, würde zwar funktionieren, aber leider zum Tod führen. Und so blöd es klingt, er würde dick sterben, da man früher stirbt als man schlank wird. Also was soll man tun, wenn man von seinem Suchtmittel nicht ablassen kann?

Machen wir uns nichts vor, normalerweise weiß jeder Dicke, warum er dick ist. Mal vorausgesetzt, dass keine großen Erkrankungen dafür sorgen, ist es doch in der Regel recht einfach:

Man nimmt mehr Kalorien zu sich, als man verbraucht und somit kann der Körper Reserven anlegen.

Im Grunde könnte ich jetzt meiner großen Leidenschaft frönen und einen riesigen Vortrag über Kohlenhydrate, Eiweiß, Fett und deren Wechselwirkungen mit Bewegung,

Tageszeit und anderen Faktoren halten, aber wem würde das helfen? Gut, ein bisschen mir und meiner Schlauschwätzerei, aber sonst keinem. Daher belasse ich es bei einer einfachen Formel:

Mehr rein als raus --> dick, oder wie in meinem Fall --> fett und krank.

Und wie sehr mich das Gewicht belastet hat, habe ich erst vollständig verstanden, als es weg war.

Ausgangssituation

Suizid

Als Suizid (von neulateinisch suicidium, aus sui „seiner [selbst]", und caedere „[er]schlagen, töten, morden"[1]) wird die vorsätzliche Beendigung des eigenen Lebens bezeichnet. Weitere Begriffe dafür sind Selbstmord, Selbsttötung oder Freitod

Ein Suizid kann entweder aktiv geschehen, indem man sich Schaden zufügt (etwa durch tödliche Selbstverletzung oder die Einnahme von Giften), oder aber passiv, indem man nicht mehr für sich sorgt und beispielsweise lebensnotwendige Medikamente, Nahrungsmittel oder Flüssigkeiten nicht (mehr) zu sich nimmt.[2]

Natürlich habe ich mir, wie fast alle Dicken, eingeredet, dass ich mich so akzeptiere, wie ich bin und auch trotz meines Übergewichtes einigermaßen glücklich und zufrieden bin.

Mal wieder Zeit für einen kleinen Tipp am Rande? Ja, definitiv! Das ist selbstverarschender Bullshit.

Ich entschuldige mich an dieser Stelle mal direkt für die eine oder andere Ausdrucksweise bisher und im Folgenden, aber erstens sind wir ja unter uns und zweitens gibt es für manche Dinge keine schöneren Ausdrücke, ohne die Intensität zu nehmen, die das Thema nun einmal hat.

Also kurz zusammengefasst:

- Ich war fett

- Ich war fett, weil ich mehr gegessen als verbraucht habe (Kalorien)

- Ich war fett und deshalb unglücklich

- Ich war fett und deshalb krank

Ich leide übrigens nicht an akutem Masochismus, weil ich gerade viermal geschrieben habe, dass ich fett war. Ich tue das, um klar zu machen, dass es einen riesigen Unterschied gibt zwischen „dick sein" oder „ein paar Kilos zu viel" zu haben und dem „fett sein" wovon ich spreche, wo man erstmal 40 oder mehr Kilos abnehmen möchte und muss, um auch nur annähernd bis ins Rentenalter durchzuhalten.

Ja, ich spreche vom Überleben, denn massives Übergewicht führt zum Tod. Nicht heute oder morgen, aber doch schneller als man denkt.

Ich war zu einem Zeitpunkt vor etwa 10 Jahren bereits kurz davor, allerdings nicht, weil mein Körper aufgeben wollte, sondern mein Kopf.

Nachdem aus den Zweifeln die Gewissheit geworden war, dass ich an meinem Gewicht dauerhaft nichts ändern könnte, wollte ich aufgeben. Der Plan stand bereits, genug Tabletten, die es voraussichtlich geschafft hätten, mein Leben zu beenden waren gesammelt, allein der genaue Zeitpunkt stand noch nicht fest.

Warum ich Dir das erzähle? Um Mitleid zu bekommen? Mit Sicherheit nicht. Hätte ich es durchgezogen, dann wäre ich bemitleidenswert. Ich erzähle Dir das, damit Dir klar wird, dass massives Übergewicht auch in dieser Form tödlich sein kann und Du mal (für den Fall, dass Du selbst deutlich übergewichtig bist) in Dich hineinhorchst, ob Dich das Gewicht nicht doch mehr belastet, als Du Dir vielleicht eingestehst.

Wie jeder, der glaubt, dass es evtl. keinen Ausweg mehr besteht, schaute ich mich trotzdem weiter nach einem um und fand auf einmal das Thema Adipositaschirurgie.

Klingt schön fachlich und spannend und ist es auch. Man kann sich ein halbes Leben damit beschäftigen und wäre noch nicht durch.

Adipositas Chirurgie

Bariatrische Operationen

Unter bariatrischer Chirurgie versteht man chirurgische Maßnahmen zur Bekämpfung des krankhaften Übergewichtes. Sie beschäftigt sich mit der chirurgischen Veränderung des Magen-Darm-Traktes. Ziel ist es, Menschen mit krankhaftem Übergewicht, bei denen herkömmliche Maßnahmen zur Gewichtsreduktion nicht erfolgreich waren, bei der Gewichtsabnahme zu unterstützen. Sie stellt medizinisch das invasivste Mittel dar, um gegen krankhaftes Übergewicht und dessen Folgeerkrankungen vorzugehen. Durch die Gewichtsreduktion kann eine deutliche Verbesserung des Gesundheitszustandes eintreten, da viele Folgeerkrankungen ebenfalls günstig beeinflusst werden.

Ich möchte es Dir mal wieder einfach machen und kürze das ganze Thema mal auf zwei wesentliche Punkte ein, auf die die ganzen OP-Methoden hinauslaufen.

Man operiert, damit weniger auf einmal in den Körper hineingeht

oder

man operiert, damit der Körper mit dem, was reinkommt, weniger anfangen kann.

Das ist die simple Erklärung für annähernd alle Adipositas-OPs, wobei man aber auch die beiden Prinzipien mit einander kombinieren kann.

Bekommst Du langsam das Gefühl, dass wir uns der Lösung nähern? Sehr gut, denn das tuen wir mit großen Schritten.

Nicht zu früh freuen, vorher möchte ich Dir noch kurz den Weg erzählen, der mich zum hier und heute geführt hat, durch den Dschungel der Methoden und Varianten, das muss ja nicht jeder durchmachen, der das sucht.

Als ich mich das erste Mal mit dem Thema Adipositas-Chirurgie beschäftigte, kannte ich vom Hörensagen die Methode des Magenbandes und sonst eigentlich nichts. Also fragte ich natürlich als aller erstes Dr. Google. Was soll ich sagen, die Antwort war erschreckend: 100.000de von Treffern und keine Idee, wie man diese Anzahl eingrenzt. Da ich nicht immer noch damit beschäftigt bin, die Ergebnisse zu lesen, weißt Du natürlich, dass ich einen Weg gefunden habe. Der führte mich durch Zufall zu einem riesengroßen Forum, auf dem irgend jemand schon all die dummen Fragen gestellt hatte, die in meinem Kopf rumschwirrten. Witzigerweise habe ich als erstes die eindrucksvollen Vorher-Nachher-Bilder gefunden. Völlig schonungslos zeigten darauf Forumsmitglieder ihre Fettheit. Ich kann es nicht anders nennen, denn ich merkte, ich war noch nicht einmal unter den schwersten 10%. Dann sah ich die Nachher-Bilder und habe spontan angefangen zu heulen. Konnte das wirklich sein, dass Menschen, die 50 und mehr Kilos schwerer waren als ich, hinterher mit normalen Kleidergrößen von L-XXL auskamen? Das klang völlig unvorstellbar, denn meiner Erfahrung nach, wurde man sein Übergewicht ja niemals völlig los, nicht einmal für eine kurze Zeit.

Also fing ich an, mich in das Thema einzulesen und stellte bald fest, dass es zum Einen durchaus möglich war, zum Anderen aber nur mit drastischen OP-Methoden. Hatte ich am Anfang noch so einfache Dinge wie ein Magenband im Kopf, war schnell klar: Das reicht nicht!

Später bekam ich dann auch noch mit, dass sehr viele Patienten Probleme und Komplikationen mit einem Magenband hatten. Das wäre mir zwar in dem Moment egal gewesen, Du erinnerst Dich, die Alternative war immer noch Selbstmord, aber es brachte auch nur sehr selten den notwendigen Erfolg.

Ganz wichtig: An dieser Stelle möchte ich Dir sagen, dass ich bei solchen Aussagen keine wissenschaftlichen Studien und Statistiken zitiere, sondern einfach meine persönliche Erfahrung und Eindruck aus mir sprechen.

Über das Forum gelangte ich dann an eine Selbsthilfegruppe, die zu meinem Erstaunen aus Dicken und Normalgewichtigen bestand. Die Frage, warum auch Normalgewichtige teilnahmen ist leicht zu beantworten: Es waren Ex-Dicke, die einfach den anderen Übergewichtigen helfen und mit Rat und Tat zur Seite stehen wollten.

Das fand ich damals extrem nobel, mittlerweile verstehe ich sie, weil man einfach das Bedürfnis bekommt, Menschen, die scheinbar unter den gleichen Problemen leiden, wie man selbst früher einmal, zu helfen und einen Ausweg anzubieten, selbst wenn man sie nicht kennt. Wenn ich heute an einem Menschen mit extremem Übergewicht vorbeigehe, muss ich mich echt beherrschen, nicht drauf zu zu gehen und denjenigen anzusprechen: „Hallo, Du musst diese Probleme nicht haben!"

Natürlich ist das total unangemessen, daher tue ich es nicht, aber der Impuls ist da; immer und sofort.

Ich war also in der Selbsthilfegruppe und erfuhr alles für mich Wichtige:

- *Ja, es gibt eine Lösung*

- *Ich brauche eine Operation*

- *Das ist dann der Anfang eines langen Weges*

- *Es gibt verschiedene Varianten*

Im Grunde brauchte ich nicht mehr Informationen, denn für alles Weitere hatte ich dann ja wieder Dr. Google. Ich warne Dich aber ganz deutlich, es mir gleich zu tun, falls Du mit dem Gedanken, selbst eine OP machen zu lassen, spielst, denn mittlerweile gibt es mehr als die damaligen drei Varianten. Dazu kommt, dass man nicht unbedingt selber entscheiden kann, welche der möglichen Varianten die beste für einen selbst ist. Natürlich gibt es nicht nur Beschreibungen im Internet, sondern auch Hinweise für welchen Typ Mensch welche Operation gedacht ist. Trotzdem braucht man Erfahrung, um die richtige Wahl zu treffen. Ich war zwar damals auch schon so schlau, das zu wissen, doch leider gab es noch nicht viele Anlaufpunkte. Der am meisten enttäuschende war ein Professor, absoluter Experte auf dem Gebiet, dabei aber leider vollständig ohne emotionale Intelligenz, unhöflich und so ungeschickt im menschlichen Umgang, dass ich mir den Termin hätte sparen können. Aber er hatte jemanden ausgebildet, der mich danach beraten, operiert und eine ganze Zeit begleitet hat.

Leider habe ich auch bei unserem letzten Zusammentreffen mal wieder vergessen ihm zu sagen, was ich seit 10 Jahren sagen möchte: Er hat mich gerettet!

Die verschiedenen Varianten - egal ob die drei damaligen oder die fünf bis fünfzehn heutigen - kombinieren, wie vorhin erwähnt, meist zwei Dinge:

- *weniger rein*

- *weniger damit anfangen können*

Je nach Typ mal mit Schwerpunkt auf dem Einen und mal auf dem Anderen.

Bei ganz harten Fällen, wie bei mir, auf Beidem. Ja, ich war mit über 170kg ein ganz harter Fall, denn ab einem bestimmten Gewicht spielt es keine so große Rolle mehr, ob man noch mehr wiegt. Die genaue Zahl kenne ich leider nicht mehr, aber ich lag definitiv drüber.

Um endlich mal mit genauen Begriffen zu starten: Ich spreche mittlerweile von einer Magenverkleinerung (weniger rein) und einem Darmbypass (weniger damit anfangen können). Und damit fängt es dann auch an, in eine Richtung sehr persönlicher Ansichten zu gehen, denen ein Arzt vielleicht teilweise widersprechen würde. Trotzdem möchte ich Dir eines versichern: Ich möchte hier keine Ratschläge verteilen, die gesundheitsschädlich sind, ich möchte nur an Hand meines Beispiels zeigen, was ich in Bezug auf MEINE Ziele am sinnvollsten finde. Dazu wäre es vermutlich schlau, mal von meinen Zielen zu sprechen.

Finde ich auch, daher tue ich es. Mein damaliges, oberstes Ziel war natürlich Abnehmen. Ich war mir sicher, gertenschlank würde ich nie, wollte ich auch nicht, denn dann wäre ich ja nicht mehr ich!

Damit schon wieder Zeit für einen Tipp am Rande: Ein extrem Übergewichtiger weiß gar nicht, wer er ist, denn das Gewicht beeinflusst jegliche Situation des Tages. Und dazu kommt: Was man wiegen möchte, weiß man auch erst, wenn man es erlebt hat. Ich weiß mittlerweile, wie es ist, zu dick, zu dünn und normalgewichtig zu sein.

Die einzige Vorstellung, von der man sich als sehr übergewichtiger Mensch sofort verabschieden muss, ist die, eines Tages den perfekten, makellosen Körper zu haben. Aber mal im ernst: Wer hat den? Wenn Du jetzt sagen möchtest: „Na, ich!" dann schau mal in den Spiegel. Irgendein Detail, dass Dir an Deinem Körper nicht gefällt, siehst Du dann auch!

Ziele

Ziel

Ein Ziel (griechisch τέλος [telos], lateinisch finis, englisch objective, goal, target) ist ein in der Zukunft liegender, gegenüber dem Gegenwärtigen im Allgemeinen veränderter, erstrebenswerter und angestrebter Zustand (Zielvorgabe). Ein Ziel ist somit ein definierter und angestrebter Zustand innerhalb einer Ereignisfolge, meist einer menschlichen Handlung zu einem Zweck. 'Ziel' benennt häufig den Erfolg eines Projekts bzw. einer mehr oder weniger aufwendigen Arbeit. Beispiele: Qualitätsziele, Unternehmensziele oder das Erreichen einer Zeitvorgabe oder Marke bei einem sportlichen Wettkampf.

Also Abnehmen als oberstes Ziel heißt natürlich auch, dass da noch mehr sind. Das zweite große Ziel war und ist natürlich, irgendwann ein erreichtes Gewichtsziel dauerhaft zu halten. Mittlerweile habe ich dieses Ziel erreicht, doch auch das war ein weiter Weg. Aber dazu später mehr.

Diese beiden Ziele sind natürlich die offensichtlichen, aber da gibt es aus meiner Sicht noch deutlich mehr. Ich bin mir nicht so vollständig sicher, welche der folgenden Ziele mir schon damals bewusst waren, doch nun sind sie es.

- Ich möchte meinen Alltag bewältigen können und zwar einen Alltag, den man durchaus als einen aktiven solchen definieren würde

- Ich möchte mich kleiden, wie ich möchte, ohne limitiert zu sein, dass es bestimmte Dinge in meiner Größe nicht gibt. Das heißt z. B. auch, maximal eine XL zu brauchen, da es nicht alles auch in XXL gibt

- Ich möchte in ein Restaurant gehen und dort auch etwas essen können, d. h. es soll nach einem Esslöffel Portionsgröße nicht Schluss sein

- Ich möchte mir um mein Gewicht so wenig wie möglich Gedanken machen müssen und vor allem nicht für den Rest meines hoffentlich noch langen Lebens Kalorien, Punkte oder was auch immer zählen müssen

Na gemerkt? „Mein hoffentlich noch langes Leben"? Richtig, mittlerweile bin ich nicht nur weg von der Idee, dass es das Beste wäre, mein Leben zu beenden, sondern dazu bin ich mittlerweile (und das schon länger) der Überzeugung, dass Leben sich lohnt und ich es noch lange erleben möchte.

All diese Ziele zusammengenommen brachten mich schon vor zehn Jahren zu der Überzeugung, dass ein Schlauchmagen in Kombination mit einem Darmbypass dazu führen würde.

Beim Schlauchmagen wird zwar - wie bei allen Methoden - das Magenvolumen verkleinert aber man ist durchaus in der Lage, eine kleinere aber auch kulinarisch akzeptable Menge / Portion zu sich zu nehmen und daher auch zu genießen. Natürlich nicht gerade am Tag nach der OP aber nach einigen Monaten schon.

Damit komme ich nun zur der Beschreibung, wie die Lösung für mich ausgesehen hat und vor allem, wie ich sie erlebt habe. Und das ganze bis zum heutigen Tag, wobei ich an dieser Stelle erwähnen muss, dass mein Weg noch nicht zu Ende ist, doch wie immer: Dazu später mehr ;-)

Kapitel 4 - Mein Weg - Teil 1

Die Vorbereitung

Bariatrie

Die Bariatrie (von griechisch βαρος: Schwere, Gewicht und Iatros: Arzt) ist ein fachübergreifendes Spezialgebiet der Medizin, das sich mit der Behandlung, Vorbeugung, Epidemiologie und den Ursachen des Übergewichts und besonders der Adipositas beschäftigt. Der Begriff ist in den 1960er-Jahren gleichzeitig mit den chirurgischen Behandlungsmöglichkeiten der Adipositas entstanden. Die Adipositaschirurgie ist auch unter dem Begriff bariatrische Chirurgie bekannt.

Mein Weg stand fest! Ich weiß, was ich will und ich glaube, dass dies der einzige und richtige Weg ist. Du kannst Dir gar nicht vorstellen, wie euphorisch einen diese Überzeugung macht, wenn man vorher dachte in einer ausweglosen Situation zu sein.

Was ich für den Antrag bei der Krankenkasse zur Kostenübernahme alles tun musste kürze ich hier mal ein wenig zusammen, da sich die Antragsbedingungen in den letzten paar Jahren doch sehr verändert haben. Kurzgesagt, ich brauchte massenhaft ärztliche Befunde, Nachweise, was ich alles schon selbst vorher versucht hatte und und und...

Doch irgendwann hatte ich alles beisammen und formulierte dazu ein ganz herzzerreißendes Anschreiben, was mir natürlich nicht schwerfiel, weil ich mich einfach damals genauso jämmerlich gefühlt habe und daher nicht übertreiben musste.

Also alles zu einem Paket geschnürt und ab damit zur Krankenkasse, damit die es durch den MdK (Medizinscher Dienst der Krankenkassen) beurteilen lassen. Wenn Du Dich erinnerst und mal in meine Denke und Gefühle hineinversetzt, kannst Du Dir vielleicht vorstellen, wie ich mich gefühlt habe, als dann endlich die Antwort kam. „Sehr geehrter Patient, leider müssen wir Ihnen mitteilen, ...".

An die nächsten beiden Stunden erinnere ich mich leider nicht. Ich war völlig geschockt, am Boden zerstört und felsenfest sicher, dass mein Leben vorbei war. Das war ja auch die logische Konsequenz, jedenfalls in meiner Welt, da mir ja die einzige Lösung für mein Problem abgelehnt worden war. Mein damaliger Partner konnte überhaupt nicht verstehen, wo jetzt das Riesenproblem war. Mann musste doch jetzt nur Widerspruch einlegen und dann erstmal abwarten, ob man vielleicht auch noch Klage vor dem Sozialgericht einlegen müsste.

Aus meiner Sicht war es etwas dramatischer, denn die erste Ablehnung führte dazu, dass mir bewusstwurde, dass es ja gar nicht sicher war, dass ich diesen Weg gehen könnte. Diese plötzliche Erkenntnis hat mich über Tage gelähmt. Ich brachte es einfach nicht fertig, mein Ziel weiter zu verfolgen, weil in mir die Gewissheit immer stärker wurde, dass mich das dagegen Vorgehen dem negativen Ende immer näherbrächte. Ein blöder Zufall (oder auch kein Zufall) brachte alles ins Rollen. Die Putzfrau hatte in ihrem Ordnungswahn alle alten Medikamente entsorgt. Dadurch war mein Alternativplan obsolet, denn die verbleibenden Tabletten hätten außer einem Kreislaufzusammenbruch und massivem Erbrechen keine dauerhafte bzw. endgültige Lösung gebracht. Und wieder monatelang sammeln? Hätte ich nicht durchgehalten.

Falls ich es noch nicht plastisch genug ausdrücke: Ja, ich wollte mich umbringen und hatte dazu von meinem damaligen Partner starke Schlaf- und Schmerztabletten gesammelt, die laut einschlägigen Informationen aus dem Internet ausreichen müssten.

Also war das alles für die Katz und in Ermangelung meiner „Alternative" rief ich bei der Krankenkasse an. Ich mache es mal wieder kurz: Es war alles halb so wild, sie wollten mir zunächst nur den Schlauchmagen genehmigen, da sie nicht sicher waren, ob das nicht bereits ausreichte. Ich musste den Antrag also nur neu stellen, dabei den Bypass weglassen und drei Wochen später war die Genehmigung da. Juhu!!

Operation, die erste!

Schlauchmagen

Unter einem Schlauchmagen oder auch einer Schlauchmagenbildung (englisch: Sleeve Gastrectomy) versteht man eine Operationstechnik aus dem Spektrum der Adipositaschirurgie. Das Prinzip der Operation besteht darin, dass durch eine longitudinale Magenresektion entlang der kleinen Magenkurvatur das Magenvolumen um etwa 80-90 % reduziert wird. Entsprechend wird die Nahrungsmenge reduziert, man spricht daher von einem restriktiven Operationsverfahren. In der Regel wird eine Reduzierung des Übergewichts von etwa 70-80 % nach etwa 1-2 Jahren erreicht.

Danach ging alles recht fix. Krankenhaus anrufen, mit dem Doc den Termin besprechen, an der Arbeit klären, dass ich ausfalle und nochmal fünf Wochen später saß ich im Zug nach Freiburg, auf dem Weg zu meiner OP.

Auch wenn ich zunächst alleine war, später kamen meine Eltern nach und blieben die Zeit, die ich im Krankenhaus verbringen musste in Freiburg. Auch wenn das insgesamt nicht mal eine ganze Woche war, war es doch angenehm, nicht ganz alleine zu sein und ein wenig Abwechslung und moralische Unterstützung tut gut.

Der Weg begann also - wobei ich vielleicht erst mal ein paar Wochen zurück gehen sollte, denn bevor die OP durchgeführt wurde, musste ich einen 3-4-wöchige, ei-weißreiche und kohlenhydrat- und fettarme Diät einhalten. Der Sinn dahinter war, dass sich dadurch die Leber verkleinert und der Operateur in meinem Bauchraum mehr Platz zum Arbeiten hat.

Zum Glück war gerade Sommer, also wurde fettarm ge-grillt und das beinahe ständig. Was macht man nicht alles - und das auch noch gerne - wenn das eigene Leben davon abhängt.

Der positive Nebeneffekt ist natürlich, dass in der Zeit auch schon mal ein paar Kilos purzeln, wenn ich mich recht erinnere ca. 10kg.

Angekommen in Freiburg ging dann alles recht fix. Die Zeit am tag vor der OP vergeht eh wie im Flug, weil man so-wieso nur von Station zu Station rennt: Vorgespräch Nar-kose, Wiegen, Blut, usw.

Und dann, gegen Abend, nur noch ein paar Kleinigkeiten, wie das Rasieren des Bauches und dann beginnt eine lange Nacht.

Das dachte ich jedenfalls, aber überraschenderweise habe ich wunderbar geschlafen. Der Morgen war kurz, denn auch meinen Wunsch hin war ich der Erste, der operiert wurde. Ich erinnere mich noch wie heute an den Moment, als ich in den OP gebracht wurde. Null Aufregung, tiefe Entspannung und ein wenig Vorfreude. Mir wollte keiner glauben, dass ich kein Beruhigungsmittel intus hatte. Als die Narkose einsetzte, war mir völlig bewusst, dass es nicht gewiss war, ob ich wieder aufwache, denn damals lag die Sterblichkeitsrate immerhin noch bei 7%, trotzdem kam keine Angst auf. Und dann wurde es dunkel und als ich wieder wach wurde, schob man mich mit meinem Bett gerade in einen kleinen Raum. Der normale Aufwachraum war irgendwie voll, aber da ich völlig stabil und auch schon wieder ziemlich klar im Kopf war, konnte ich mich in dem ruhigen Extraraum super ausruhen.

In den ersten beiden Tagen war mein Blutzuckerspiegel ziemlich außer Rand und Band. Das ist nach einer OP total normal und pegelt sich in der Regel auch schnell wieder ein. Es war sogar noch besser, denn am Tag 3 nach meiner OP war mein Diabetes weg. Warum das manchmal so schnell nach der OP passiert, weiß man wohl immer noch nicht, sollte mir aber auch völlig egal sein, die Hauptsache ist, ich war ihn los.

Die ersten beiden Tage zwickte und zwackte es im Bauch, aber schlimm war es wirklich nicht. Ich brauchte nicht mal extra Schmerzmittel. Schlimm fand ich nur, dass ich nichts essen (natürlich) und vor allem nichts trinken durfte. Natürlich bekommt man alles per Infusion, aber der Durst ist trotzdem da. Danach (Tag 3) durfte ich wenigstens ein paar kleine Schlucke Wasser und Tee trinken, an Tag 4 schon soviel ich wollte und an Tag 5 eine kleine Brühe und eine kleine Milchsuppe.

Du glaubst gar nicht, wie lecker so eine Milchsuppe nach 4 Tagen ohne Essen sein kann. Ach ja, ich vergaß zu erwähnen, dass an Tag 2 auch die Verdauung wieder richtig losging. Das war zwar ein wenig unangenehm, weil man sich mit dem frisch operierten Bauch schlecht drehen kann, aber schlimm war es letztendlich auch nicht, alles gut auszuhalten.

Dann kamen noch ein paar Untersuchungen und dann am Mittag des 6. Tages saß ich schon auf dem Flur und wartete auf die Entlassungspapiere. Als ich mich interessehalber dort nochmal auf die Waage stellte, konnte ich meinen Augen kaum trauen: 12kg waren in den letzten 7 Tagen weg.

Vielleicht interessiert es Dich, wie die ersten (wenn auch flüssigen) Mahlzeiten waren. Natürlich ist es erstmal ein merkwürdiges und etwas beunruhigendes Gefühl, etwas runter zu schlucken, wenn der Magen operiert wurde. Natürlich wurde der Magen auf Dichtigkeit geprüft, aber die ersten Schlucke sind einfach komisch. Wenn man dann merkt, es ist gar nichts dabei, es fühlt sich völlig normal an, wird man mutiger. Dann habe ich auch mal einen größeren Schluck versucht und gemerkt, dass sich das dann wiederum sehr komisch anfühlt. Es spannte kurz im Bauch, war dann aber auch gleich wieder vorbei. Im

Grunde war es eher spannend als unangenehm. Ich habe einfach rumprobiert und versucht herauszufinden, was funktioniert. Das erste Joghurt gab es dann im Zug nach Hause und dort fiel mir das erste Mal auch, dass ich nach einem halben, kleinen Becher bereits satt war und war total begeistert. Dieses Gefühl, wirklich „voll" zu sein, kannte ich nur von Maxiportionen. In der ersten Woche zu Hause (5 Tage) habe ich mich dann voll an den Ernährungsplan gehalten. Der lautete:

- *2 Wochen flüssig*

- *2 Wochen breiig*

dann vorsichtig weiter aufbauen

Wobei ich zugeben muss, dass ich Joghurt und Babygläschen auch schon in der Flüssigphase dazu nahm. Ich habe dann in Woche 2 meinen damaligen Partner in eine Rehaeinrichtung begleitet und bin eine Woche zur Erholung dortgeblieben. An meinem zweiten Tag dort war es mit der Disziplin dann auch schon wieder vorbei und ich habe versucht, den Kostaufbau anzufangen. So gab es morgens dann mal etwas Toast ohne Rinde mit Streichwurst, püriertes Mittagessen, usw.

Die Maxime war ganz einfach: Ausprobieren, schauen wie es geht und fertig. Wenn ich etwas zu viel aß, merkte ich schnell, dass es schon ein einziger Bissen zu viel sein konnte und dann dauerte es ein paar Minuten, bis diese totale Völlegefühl nachließ. Und dazu war das Völlegefühl viel stärker als früher, wenn ich mich mal „überfressen" hatte. Schlimmer fühlte es sich an, wenn ich etwas nicht richtig gut gekaut hatte. Ich war und bin nun mal leider ein

„Schlinger". Dann war es wirklich sehr unangenehm zusammen mit etwas Übelkeit und dauerte bis zu einer halben Stunde, bis es besser wurde. Allerdings musste ich mich nie übergeben, ganz im Gegenteil, ich habe es sogar mal versucht, weil ich dachte, dann ginge es mir gleich besser. Doch ich konnte einfach nicht brechen. Selbst den Finger in den Hals zu stecken brachte nichts. Es hat ein gutes Jahr gedauert, bis ich mich (aus anderen Gründen) tatsächlich mal übergeben konnte. Immerhin hat es mir auch irgendwie geholfen, da ich diesen Ausweg nicht hatte und gut auf meine Essensmenge achten musste. Jedes Mal, wenn ich es nicht tat, hatte ich mit den Konsequenzen umzugehen. Das sorgte echt dafür, dass ich sehr schnell herausbekam, was ich vertrug und vor allem wie viel.

So verging Tag um Tag, ich lernte immer mehr, was ich essen konnte und nach nur wenigen Wochen konnte ich so ziemlich alles wieder gut vertragen. Von manchen Lebensmitteln ging allerdings weniger rein, als von anderen. Fleisch z. B. musste ich sehr gut kauen, trotzdem war meist nach einem halben, kleinen Steak (ohne Beilagen) Schluss. Es gab nur eine Sache, die dauerhaft nicht funktioniert hat: Spaghetti! Alle anderen Nudelsorten waren kein Problem, aber mit Spaghetti bekam ich jedes Mal ein Dumping. Und das mir, der ich für Spaghetti hätte töten können. Aber weißt Du, wie sehr mich das belastet hat? Gar nicht, denn genauso schnell purzelten die Kilos. Nach nicht mal einem Jahr stand ich auf 105kg. Es gab auch vorher schon einige Wochen, in denen mein Gewicht stillstand und ich etwas Angst bekam, dass es nicht weitergeht, aber das ließ meist nach wenigen Tagen nach und es ging weiter.

Ich weiß durch die Erfahrung Anderer, dass auch Stillstände über mehrere Wochen durchaus normal sind. Trotzdem hat es mich massiv angeko...., also gestört, dass die 105 einfach nicht kleiner werden wollte. Sie schien aus irgendeinem Grund eine magische Grenze zu sein.

Dazu hatte ich als Prognose bekommen, dass mit der OP voraussichtlich ca. 80% des Übergewichts zu schaffen seien. Das waren nach meiner Rechnung etwa 75kg Abnahme, also war ich vielleicht wirklich angekommen.

Wie Du Dich vielleicht erinnerst, hatte ich ja mal erwähnt, dass mein Ziel war, ein gesundes Gewicht zu erreichen und nicht völlig schlank zu werden. Au contraire mon frère.... ich sagte ja bereits, dass ich mittlerweile weiß, dass man am Anfang des Weges gar nicht wissen kann, wo man wirklich hinmöchte. Man muss es erleben!

Immer in Bewegung...

Genau dieses Erleben war fantastisch. Ich passte bequem in klein geschnittene XXL Klamotten und manchmal ging sogar XL, fühlte mich viel wohler - teilweise sogar ganz hübsch - und merkte schnell: Ich will mehr, der UHU muss landen.

Falls Du den Begriff nicht kennst, UHU bedeutet, dass das Gewicht unter hundert Kilos fällt. Ich erinnere mich nicht mal ansatzweise, wann ich das letzte Mal zweistellig gewogen hatte.

Als was tun? Damit das Gewicht weiter runter geht, könnte ja Bewegung ganz gut sein. Also versuchte ich zu joggen. Das ging ja mal gar nicht. Ein paar Meter, dann war ich so außer Atem, dass ich gehen oder stehen bleiben musste. Ich mache es mal wieder kurz: Ich bin drangeblieben, habe es immer wieder versucht und die Abschnitte, in denen ich langsamer machen musste, wurden immer kürzer bis ich nach ca. drei Wochen ein paar Kilometer laufen konnte. Was für eine Erfahrung, vorher habe ich jeden noch so kurzen Weg mit dem Auto gemacht, mittlerweile konnte ich mehrere Kilometer laufen. Ich schätze mal, Du kannst Dir vorstellen, wie genial sich das anfühlt.

Und wie erwartet und erhofft ging das Gewicht auch irgendwann weiter runter. Der Tiefpunkt lag dann bei 89kg, ich sah fast magersüchtig aus und trug nur noch Größe L und das auch nur wegen meines breiten Kreuzes. Da habe ich schnell gemerkt, dass man auch zu wenig wiegen kann. Es war Sommer, sehr warm und ich hatte kaum Hunger, dadurch noch weniger gegessen und das, zusammen mit

Sport, hatte das Gewicht runtergedrückt. Also etwas mehr und wieder etwas bewusster essen und schon war ich so auf 93kg und damit war alles gut. Ich war wieder leistungsfähig, sah nicht mehr magersüchtig aus und fühlte mich rund um wohl.

Jetzt denkst Du vielleicht: na ja, 89kg waren ihm zu wenig? Bei 178cm Körpergröße sind das immer noch etwa 10kg zu viel Du kleines Moppelchen. Und bei 93kg erst recht!

Die Antwort ist so einfach wie immer: Nö! Ich kann Dir leider nicht sagen, woran es liegt, aber bei jemandem mit ursprünglich so extremem Gewicht, passt die klassische Rechnung nicht. Ich war mit 93kg schlank, gesund und fit und vor allem: sah echt gut aus!

Falls Du selbst mit deutlichem Übergewicht zu kämpfen hast, kannst Du Dir vorstellen, was es heißt, wenn man in den Spiegel schaut, ein schlankes ICH sieht und sich dazu auch noch hübsch findet. Ja richtig: Es ist der absolute Hammer! Bis auf (ja, leider gibt es ein „bis auf") die viele Haut. An vielen Stellen des Körpers hatte sich die Haut super zurückgebildet, aber an einigen war das einfach nicht möglich.

Es war zu viel am Bauch, der Brust, den Oberschenkeln und ein bisschen an den Armen. Oberschenkel und Arme haben mich nicht gestört, aber Bauch und Brust schon, dagegen sollte definitiv etwas passieren.

Alles für die Schönheit

Bauchdeckenstraffung

Die Bauchdeckenstraffung (auch Bauchde-ckenplastik oder Abdominoplastik) ist eine Operation der Plastischen Chirurgie zur Straffung der Bauchdecke, wobei auch überschüssiges Fettgewebe entfernt wird (Fettabsaugung). Einsatz der Bauchdeckenplastik ist oft bei Menschen mit Hängebauch und als Hernioplastik bei übergroßer Bruchpforte (einschließlich Rektusdiastase) gegeben.

Eine Bauchdeckenstraffung wird dann vorgenommen, wenn ein Hautüberschuss im Bauchbereich („Hängebauch") besteht. Durch eine Bauchdeckenstraffung wird die Optik des Bauches dem neuen Gewicht angepasst.

Also fing ich mal wieder an, mich schlau zu machen und gelangt zu einer eher traurigen Erkenntnis: Die Krankenkasse wird es nicht bezahlen.

Verdammte Axt, es war einfach nicht schlimm genug, sonst hätten sie wenigstens den Bauch bezahlt. Aber scheinbar war ich noch jung genug und meine Haut elastisch genug (die blöde Kuh). Sobald es keine „Fettschürzenentfernung" ist, sondern nur eine „Bauchdeckenstraffung", ist die Krankenkasse raus, da dass offiziell eine Schönheits-OP ist.

Aber ich hatte Glück, bekam bei einem Jobwechsel eine Abfindung und konnte es selber zahlen. Da ich wusste, dass dabei auch viel Murks herauskommen kann, ging ich zu einer echten Koryphäe (das hat es zwar nicht gerade günstiger gemacht, aber das Ergebnis spricht für sich) und ließ mich beraten.

Kurz und gut, ein paar Wochen später war der Bauch straff, die Brust etwas abgesaugt und nach vier Wochen Kompressionswäsche waren endlich auch die restlichen, offensichtlichen Spuren der ehemaligen Fettleibigkeit verschwunden.

Die folgenden 1,5 Jahre waren der Hammer. Durch den zusätzlichen Sport konnte ich essen, was ich wollte (die Mengen blieben ja überschaubar) und hielt mein Gewicht sehr konstant. Zu dem Zeitpunkt dachte ich noch: Man gut, dass ich nur den Schlauchmagen habe machen lassen, das reicht ja völlig.

Das es eigentlich nur als Schritt eins von zwei gedacht war, hatte ich verdrängt. Doch wie es nun einmal mit verdrängten Dingen meistens passiert, so blieb auch dies nicht lange so.

Gerade mal eine Trennung, eine neue Beziehung und einen Jobwechsel später (wie gesagt, ca. 1,5 Jahre) schlich mein Gewicht langsam etwas höher. Die Gründe sind einfach und wohl jedem bekannt. Wenig Zeit für Sport - oder anders und richtiger ausgedrückt: neue Prioritäten!

Job, neue Liebe, alles war wichtiger und die ersten paar Kilos kamen fast unbemerkt. Nur dass mir jemand mehr und mehr Klamotten nachts enger gemacht hatte, das ließ mich irgendwann stutzen. Der Anzug war doch weiter, oder? Hat das Hemd im Sitzen immer schon so gespannt?

Ich denke, diesen schleichenden Prozess kennt jeder. Als es dann stetig immer weiter nach oben ging habe ich natürlich darüber nachgedacht, was ich dagegen tun könnte.

Ab und an mal mehr auf das Essen achten, weniger Süßes, verschiedene Maßnahmen haben die Zunahme auf jeden Fall schon einmal verlangsamt. Da es aber trotzdem nicht dauerhaft stockte, habe ich mir irgendwann im Kopf eine maximale Obergrenze gesetzt. 125kg, mehr wollte ich niemals mehr in meinem Leben wiegen. Heute weiß ich natürlich, dass diese imaginäre Grenze viel zu hoch angesetzt war. 30kg Toleranz zu meinem Wohlfühlgewicht war völlig unrealistisch.

Es gibt natürlich immer gewisse Schwankungen beim Gewicht aber wenn man wartet, bis es 30kg sind, ist es in der Tat extrem schwer, dies wieder in den Griff zu bekommen. Und falls Du Dich gerade fragst, wie es ausging: schlecht!

Es ging total in die Hose; ich habe mein Gewicht natürlich nicht in den Griff bekommen, also da noch nicht.

Ich stand irgendwann plötzlich auf 124,5kg. Na gut, so plötzlich war das auch wieder nicht, als das Verdrängen des Problems nicht mehr klappte, war es für mich beinahe plötzlich. Dazu stand ich nur wenige Wochen vor unserem Urlaub (Strandurlaub in der Karibik) und das ist auch mit dem Gewicht kein reines Vergnügen. Die T-Shirts in XXL waren teilweise ziemlich eng, ich musste ein paar Oberteile schon in 3XL kaufen und dazu das ein oder andere Teil schon bis an die Belastungsgrenze dehnen, damit ich es ohne „Presswurstcharakter" tragen konnte.

Verdammte Axt, warum war es schon wieder so weit gekommen? Natürlich war der Urlaub trotzdem schön, aber ich wusste, ich muss etwas unternehmen!

Vor gut drei Jahren kam dann ein Schlüsselerlebnis. Ich bin bis heute sehr froh darüber, dass das folgende Erlebnis sich genau so zugetragen hat. Leider bin ich ein Mensch, der manchmal auf eine sehr deutliche und harte Weise auf etwas gestoßen werden muss, damit es aus dem totalen Hintergrund der Verdrängung ins Bewusstsein zurückkommt und mein Gehirn ein sinnvolles Auseinandersetzen mit diesem Thema beginnt. Anders ausgedrückt: Manchmal brauche ich vielleicht etwas länger, aber dafür komme ich am Ende Tages meistens auch eine ganze Ecke weiter als viele andere. Nenn es vielleicht „schön reden", ich habe mich an diese Eigenschaft gewöhnt und aus der Sicht der jeweiligen Ergebnisse muss ich sagen: Mein Weg ist mein Weg und wenn er mich ans Ziel führt, war er genau der richtige! ;-)

Kapitel 5 - Mein Weg - Teil 2

Bypass

Dünndarm

Der Dünndarm (lat. Intestinum tenue) ist ein Teil des Verdauungstraktes und dient der Aufnahme von Nährstoffen aus der Nahrung. Zu diesem Zweck ist er mit zahlreichen Zotten (Erhebungen) und Krypten (Einsenkungen) ausgekleidet, so dass die Oberfläche stark vergrößert wird und letztendlich ein Vielfaches der Körperoberfläche erreicht. Mit einer Länge von drei bis fünf Metern ist der Dünndarm außerdem der längste Teil des Verdauungstrakts. Er reicht vom Pförtner des Magens bis zur Ileozäkalklappe am Übergang zum Dickdarm und wird in den Zwölffingerdarm, den Leerdarm und den Krummdarm gegliedert. Neben seiner Funktion zur Nährstoffaufnahme ist der Dünndarm auch der Hauptort der Wasserresorption des Menschen.

Wir waren zu einer Hochzeit eingeladen (im Juni) und wollten dazu witzige Anzüge im Testbild-Design tragen. Also habe ich diese bestellt, in unseren „offiziellen" Größen und als sie ankamen, brachten sie noch etwas mit: einen Schock!

Die vermaledeiten Teile fielen so klein aus, dass der größere meinem Mann passte (obwohl er für mich gedacht war) und der kleinere keinem von uns beiden.

Kleiner Exkurs: Mein Mann? Aber ich bin doch auch ein Mann? Ja, ich versichere Dir, das bin ich und war ich auch immer schon. Aber es gibt diese Konstellation „Mann + Mann" eben auch ;-)

Zurück zum Problem: Der kleinere Anzug wurde also zurückgeschickt und durch den größtmöglichen ersetzt. Doch auch der war leider oben rum circa zwei Nummern zu klein.

Also gab es nur eine Chance: Vier Wochen Crash-Diät. Ich weiß, ich hatte Dir am Anfang mal meine Meinung zu Crash-Diäten genannt, dazu noch eine ziemlich ablehnende, aber was soll man machen, die Feier rückte ja immer näher. Immerhin habe ich es geschafft, bis dahin auf 116kg runter zu kommen, in dem ich mich mit Eiweiß-Shakes, Hungern und Verzicht dazu gezwungen habe. Die Hose saß, das Sakko ging, wenn ich es nicht zu machte und für den Abend war alles im Lot. Was soll ich sagen, wir waren modisch natürlich das Highlight!

Nach diesem Abend war aber auch etwas sehr klar: Ich kriege das niemals in den Griff. Sobald ich ein bis zwei Tage etwas netter zu mir war, was die Ernährung betraf, hatte ich ein Kilo wieder drauf.

Dann fiel mir etwas ein: Als ich damals den Schlauchmagen bekam (das war mittlerweile 6 Jahre her) war das ja als erster Schritt gedacht. Mein Arzt hatte mir ja da schon prophezeit, dass ich nach etwa 5 Jahren wieder zunehmen würde und daher Schritt zwei unbedingt auch machen sollte.

Aber was wusste der schon..... das war ja nur ein Super-Experte und ich kannte mich schließlich besser - Pustekuchen! Ich war so was von ahnungslos über mich selber, ich hätte mal auf ihn hören sollen!

Also gab es mal wieder einen Plan: Arzt anrufen, Termin machen und so schnell wie möglich den zweiten Schritt angehen. Operiert wurde der Schlauchmagen damals in Freiburg, ich hatte aber mitbekommen, dass der Doc mittlerweile in Lübeck war. Also habe ich irgendwann am späten Abend mal recherchiert und tatsächlich herausgefunden, an welchem Krankenhaus er nun war und sogar eine Telefonnummer von seinem Bereich entdeckt. Gleich mal angerufen, dann kann ich mir die Bandansage ja anhören und die Sprechzeiten vordudeln lassen. Ich wähle, Freizeichen tönt, schwupps der Doc ist persönlich am Apparat. Ich dachte ich falle um. Terminvereinbarung und einen kurzen Schnack später hatte ich wieder aufgelegt und war total geplättet. War es wirklich so einfach? Ach ja, die Krankenkasse wird es bestimmt ablehnen, also keine Sorge, die vorgestellten Probleme kommen noch. Ja, ich werde kämpfen, ich lasse mich nicht unterkriegen, irgendwie mache ich das schon!

Ich kürze mal wieder ab:

- *Das Beratungsgespräch in Lübeck kam sehr schnell, war super und der Doc war sehr zuversichtlich*

- *Der Antrag bei der Krankenkasse wurde nach vier Wochen problemlos genehmigt*

- *OP Termin ging fix und musste in München sein, weil der Doc mittlerweile da hin gewechselt hatte*

Fazit: Null Probleme, der 11.08. (OP-Termin) konnte kommen. :-)

Da ich allerdings in Hannover lebe, ist München nicht gerade um die Ecke. Also hieß es für mich, einen Tag vorher fünf Stunden mit dem Auto nach München albern, dann Aufnahme im Krankenhaus und die Zeit dort alleine rumkriegen. Ich fand das nicht wirklich schlimm, da ich ohnehin bei solchen Dingen gerne meine Ruhe habe und dazu auch noch bester Stimmung war.

Falls Du Dich fragst, ob ich gar keine Angst vor der OP hatte: Nö, kein Stück! Natürlich habe ich einen gesunden Respekt davor, schließlich ist so etwas immer auch mit Risiken verbunden, aber Angst hatte ich keine. Im Gegenteil, ich war total entspannt, sogar ein wenig euphorisch, weil es ja um einen Schritt ging, der mich wieder zurück zu dem Zustand bringen würde, bei dem ich mich am wohlsten in meinem ganzen Leben gefühlt hatte und auch am attraktivsten.

Die OP verlief komplikationslos und ich konnte noch am gleichen Abend zurück auf die Station. Mit mir auf dem

Zimmer lag ein ziemlich sprechfreudiger Rentner, der mir zwar ein wenig auf die Nerven ging, aber teilweise auch für etwas Abwechslung sorgte. Alles in allem konnte ich mich nicht beklagen.

Vor allem aus einem Grund nicht: Ich hatte keine Schmerzen; gar nicht! Und das, obwohl der „Schmerztropf" schon entfernt war und ich auch sonst keine Tropfen oder Tabletten bekam - nur Flüssigkeit und Antibiotika.

Am nächsten Morgen trieb mich zum einen der Harndrang aus dem Bett, zum anderen wollte meine Nikotinsucht befriedigt werden. Also schnappte ich mir den Drainagebeutel, die Infusion und tippelte nach unten. Das ging alles besser als erwartet und somit konnte das Training beginnen. Immer ein paar Schritte gehen, draußen in der Sonne sitzen, Rauchen, dann mal wieder hinlegen, eben alles so gut es eben ging.

An dieser Stelle möchte ich einmal darauf hinweisen, dass es natürlich alles andere als gesund ist, zu rauchen – geschweige denn direkt nach einer Operation. Mir waren und sind die Risiken zum Thema Wundheilungsstörung, etc. durchaus bewusst, ich habe sie allerdings wegignoriert und trotzdem geraucht. Der einzige sehr positive Nebeneffekt: Da es einfach total unbeliebt macht, direkt im Krankenhauszimmer zu rauchen, musste ich schon alleine aus diesem Grund immer wieder meinen Kadaver in Bewegung versetzen und zum Rauchen nach draußen gehen.

Da ich am 3. Tag die immer gleiche Gemüsebrühe morgens, mittags und abends nicht mehr sehen konnte, gab es Sondenkost zum Trinken und lecker Tee. Am 4. Tag wollte ich gerne nach Hause, ließ mich aber überreden, noch einen Tag zu warten, bevor ich die fünfstündige Heimreise antrat. Das war auch eine ganz gute Idee, am nächsten Tag ging es noch ein wenig besser. Ich habe lange darüber nachgedacht, warum das alles so unkompliziert und schnell ging. Ich glaube - neben einem sehr erfahrenen und hochversierten Operateur - ist die eigene, innere Einstellung wahnsinnig wichtig. Ich war dem Ganzen so extrem positiv gegenüber eingestellt, dass mein Körper gar keine andere Wahl hatte, als gut damit umzugehen.

Ab Tag 6 habe ich wieder gearbeitet (da ich im Sitzen arbeite, war das kein Problem) und konnte von Tag zu Tag auf festen Stuhlgang hoffen. Ich weiß, das Thema ist schwierig, gehört aber nun mal dazu. Da man am Anfang nur flüssiges Zeug zu sich nimmt und dazu ja auch am Darm rum gearbeitet wurde, wusste ich, dass es bis zu drei Monate dauern kann, bis sich das Thema normalisiert. Nebenbei bemerkt: Auch das ging bei mir deutlich schneller, auch wenn es für immer etwas anders ist, als vorher, weil ja die Verdauung verändert wurde.

Zwei Wochen flüssiges Essen habe ich tatsächlich durchgehalten und dann langsam wieder angefangen, auf normale Kost umzustellen. Ich kürze mal wieder ab: Es ging recht gut und man findet schnell heraus, was man gut verträgt und was nicht ganz so gut. Und das allerbeste kam dazu: Das Gewicht ging kontinuierlich runter, am Anfang schneller, dann langsamer. Innerhalb von fünf Monaten 26kg. Yeah! 1-2 Kilos dürfen noch, dann ist alles gut. Vor allem habe ich feststellen können, dass ich mittlerweile anders abnehme als beim ersten Mal.

Vielleicht liegt es daran, dass ich mittlerweile die 40 überschritten habe, oder weil ich schnell mit Sport angefangen habe, ich weiß es nicht. Nach drei Monaten dachte ich mir jedenfalls, ich muss mich überlisten! Ich muss etwas tun, was mich zur Bewegung zwingt. Daher habe ich mich zum Halbmarathon angemeldet und das auch gleich öffentlich gepostet. Somit war klar: Halte ich das Training nicht durch und nehme also auch nicht teil, wird das unfassbar peinlich. Für mich reichte das als Motivation und ich muss sagen, die Vorbereitung macht sogar Spaß (meistens jedenfalls).

Ich habe das große Glück, dass ich mit einem Freund zusammen trainierte, so konnten wir uns gegenseitig ein wenig in den Allerwertesten treten, wenn die Motivation mal frei nahm.

Das „neue Ich"

Selbstwahrnehmung

Selbstwahrnehmung oder Eigen-wahrneh-mung ist die Wahrnehmung des Selbst, der eigenen Person. Sie ist zusammen mit der Selbstbeobachtung für die eigene Bewusst-seinsbildung und das Selbstbewusstsein un-entbehrlich.

Der Gegenbegriff zur Selbstwahrnehmung ist die Fremdwahrnehmung, also die Wahrneh-mung einer Person durch Andere.

In dem Zusammenhang habe ich eine sehr schöne Erfahrung gemacht. Nach längeren Trainingseinheiten (am Schluss 12km laufen) hatte ich ziemliche Knieschmerzen. Warum das positiv ist, möchtest Du wissen? Keine Sorge, ist es nicht. Aber ich war deshalb beim Arzt und als die Arzthelferin mein Knie röntgen wollte, sah sie meinen leicht skeptischen Blick bzgl. der Röntgenliege und sagte: „Keine Sorge, das hält, sie sind ja schlank." 5.326 Gedanken schossen durch meinen Kopf:

- *War das ernst gemeint?*

- *Ist sie nur höflich?*

- *Meint die das ernst?*

- *Schlank, ich?*

Gut, ich gebe zu, es waren nur vier Gedanken und einer davon sogar doppelt, aber nach genauerer Betrachtung stellte ich fest: Oh mein Gott, die meint das wirklich ernst! Wer selbst nicht mal den Wandel von „echt fett" zu „normal" erlebt hat, wird das nicht nachvollziehen können.

Ich entschuldige mich mal wieder für die Ausdrucksweise, aber 174kg bei 178cm Köpergröße war nicht dick, ich war echt fett!

Noch heute gehe ich manchmal an einem Spiegel vorbei und wundere mich: Bin ich das?

Auch unter der Dusche gibt es in diesem Zusammenhang echt witzige Erfahrungen. Einmal habe ich mich gerade eingeseift und wunderte mich, was denn da vorne an der Schulter (knapp unter dem Hals) so weh tut. Ich habe dann nach dem Duschen mal in den Spiegel gesehen und konnte feststellen: Ich habe ja ein Schlüsselbein! Und wenn man beim Einseifen mit den Fingerknochen immer wieder dagegen stößt, tut das irgendwann tatsächlich weh. Irre, schöne Erkenntnis! Keine Sorge, falls Du jetzt denkst, ich sei bekloppt kann ich Dich beruhigen: Ja, bin ich! Du glaubst gar nicht auf was für bescheuerte Gedanken man so kommt. Vor allem was man sich so alles wünscht, wenn man soviel Übergewicht hat.

Kennst Du die Sehne hinten am Fuß, über der Ferse? Ab einem bestimmten Gewicht ist die so von Fett eingebettet, dass man sie nicht mehr erkennt. Ich wollte unbedingt, dass man die bei mir wieder sieht - und eben auch die Schlüsselbeine; ja, ich habe mittlerweile sogar zwei davon. Da kann man sich ein paar Tage drüber freuen! Es gibt daneben noch hunderte von Dingen, die einem im Alltag auffallen, weil man sie nicht kannte, als man noch extrem übergewichtig war. Ich habe gerade beschlossen den Ausdruck „fett" einfach mal durch „extrem übergewichtig" zu ersetzen, das klingt einfach nicht ganz so gemein.

Nach ganz viel Infos vorweg, Teil 1 des Weges und nun auch Teil 2, bin ich also da, wo ich hinwollte. Weißt Du, warum ich nicht „wieder da" geschrieben habe? Ganz einfach: Ich war hier noch nie. Vom Gewicht her schon, na klar, aber damals hatte ich ein paar wichtige Fakten noch nicht verstanden:

- *Ich bin NICHT „von Natur aus" dick und werde mich normalgewichtig nicht wohlfühlen!*

- *Ich brauche eine engmaschige Grenze bzgl. meines*

Gewichts, damit es nie wieder ausartet (ich denke 3-5 kg rauf und/oder runter ist das Maximum)

- *Ich bin heute kein Anderer als damals, ich habe nur endlich die Gelegenheit „ICH" zu sein!*

- *Ich sehe mich noch immer nicht durchgehend so, wie ich wirklich aussehe!*

Auch auf die Gefahr hin, dass ich mich an der einen oder anderen Stelle wiederhole, möchte ich Dir diese vier Punkte noch einmal genauer erklären, denn ich habe ein paar Jahre gebraucht, um sie wirklich für mich zu sehen und einzusehen.

Kapitel 6 - Die vier Thesen des J.

These 1

Ich bin nicht von Natur aus dick und es ist falsch, dass ich mich normalgewichtig nicht wohlfühlen würde!

Ich glaube, jeder, der schon in jungen Jahren deutlich zu dick ist (so wie ich es war) kommt irgendwann auf einen (im ersten Empfinden) recht angenehmen Gedanken: Es ist nicht meine Schuld!

Wenn man sich das glauben kann, ist das zunächst eine super Entlastung. Wie man darauf kommt? Nun ja, ich war ja als Kind schon etwas zu dick, als Jugendlicher erst recht und zu dem Zeitpunkt ist man ja noch nicht 100 prozentig für sich alleine verantwortlich. Also ist zum Teil natürlich die Erziehung Schuld, dann vielleicht noch die Gene. Man weiß ja, dass man genetisch zu mehr oder eben weniger Gewicht neigen kann. Was bleibt dann noch für ein eigener Anteil an Schuld? Verschwindend wenig.

Jetzt hat die Sache aber einen Haken: Diesen ganzen Gedanken liegt ein weiterer Fakt im Wege, der da lautet: Mehr zuführen als verbrauchen macht fett. Eine einfache Regel, leider immer gültig, sofern wir hier nicht über Erkrankungen, Hormonstörungen, etc. sprechen. Die hatte ich alle nicht. Bestimmt neige ich genetisch eher zu Übergewicht als Andere, aber Gene habe ich nicht haufenweise in mich hineingestopft. Die hatte ich in der Regel auch gar nicht im Kühlschrank rumliegen.

Als Kind war das eher Süßes, gern aber auch Kräftiges, vor allem aber viel! Ich bin der Meinung, die Regel mit dem Aufessen müssen gab es bei uns früher nicht, bin mir aber nicht sicher. Letztendlich spielt es auch keine große Rolle, denn außer, wenn ich es nicht so lecker fand, habe ich eh immer aufgegessen.

Das einzige, was ich tatsächlich nie gelernt habe, war ein

normales und sinnvolles Körpergefühl, das hat weder die Generation vor mir, noch meine, ist eine echte Familien-Mangelware.

Also habe ich schon damals angefangen, den Zustand „satt" mit dem Zustand „voll" zu tauschen. Ging schnell und hat mir später auch sehr geholfen. In Zeiten großer Belastungen und Probleme neige ich dazu, meine Gefühle einfach abzuspalten, dann muss ich sie nicht mehr bewusst wahrnehmen. Das hat nur den Nachteil, dass es zu einem total psychisch ungesund ist und zum anderen, dass das Unterbewusstsein merkt, dass da was fehlt und gegensteuert.

Wenn man dann einfach so lange isst, bis man ein deutliches Völlegefühl verspürt, dann kann man sich weiter vormachen, man würde ja etwas fühlen und die anderen, unverarbeiteten Gefühle weiter aussperren.

Ist als Lösungsansatz erstmal praktikabel, macht aber fett und löst auch nichts von dem, was einen wirklich belastet.

Über die Jahre festigt sich dann eben dieses dicke Selbstbild und da man irgendwann „gefühlt" schon immer dick war, kommt diese Erkenntnis, man sei „von Natur aus" dick.

Heute bezweifele ich, dass es „von Natur aus" dicke Menschen überhaupt gibt. Schon alleine durch das Längenwachstum als Kind muss man schon einiges unternehmen, um immer dick zu sein und zu bleiben.

Wie schon erwähnt: Selbst ich hatte Phasen, in denen das Wachstum in die Höhe schneller ging als in die Breite.

Nichts desto trotz glaubt man irgendwann an diese „Natur" und versucht gegen die Natur anzukämpfen. Dabei möchte ich auf den zweiten Teil meiner ersten Erkenntnis eingehen:

Zu Beginn der Abnahme nach meiner ersten OP habe ich immer steif und fest behauptet: Ich will gar nicht völlig schlank oder normalgewichtig sein. Das bin nicht ICH, so war ich nie und so sehe ich mich auch nicht.

Ich glaube, ich hatte schon erwähnt, dass man sein Zielgewicht am Anfang gar nicht kennt. So war es bei mir auch. Je länger die Kilos purzelten, desto mehr wollte ich am Ende erreicht haben. Irgendwann war es klar: Ich wollte Normalgewicht! Wie geht das? Als „von Natur aus" Dicker mit Normalgewicht umgehen? Da habe ich langsam angefangen zu verstehen, dass ich vielleicht „vor Natur aus" ganz normal bin. Dass mein Normalgewicht als Ex-Dicker nicht dem Standard entspricht, erwähnte ich ja bereits, aber ansonsten bin ich gewichtsmäßig wohl doch normal. Und aus mittlerweile zweimaliger Erfahrung kann ich sagen, dass ich mich mit Normalgewicht allerdings wohl fühle und sogar bemerke, dass ich viel mehr ICH bin als früher. Die vielen Dinge, die man macht, um sein Übergewicht zu überspielen, machen nämlich das Gleiche mit der eigenen Persönlichkeit. Sie wird überspielt, kaum noch wahrgenommen und irgendwann verdrängt man sie dann selbst und merkt kaum noch, dass man sich verloren hat. Denkst Du gerade: Man hat sich verloren? Meine Güte, das ist aber ein wenig melodramatisch ausgedrückt!

Dazu ein für alle Mal die Antwort in zwei Varianten.

1. Wenn Du selber noch nie so dick warst, spar es Dir und glaub mir einfach!

2. Wenn Du es selber erlebt und nicht als so dramatisch empfunden hast, horch mal in Dich hinein, vielleicht bist Du immer noch nicht Du!

So, der erhobene Zeigefinger ist wieder unten. ;-)

Weißt Du übrigens, woran man noch merkt, dass man von Natur aus eigentlich normalgewichtig ist? Wenn man so lange so enormes Übergewicht hatte, sollte man meinen, dass man dann, wenn man auf Normalgewicht angekommen ist, völlig zufrieden mit seinem Körper wäre – natürlich immer mit der Einschränkung der Folgen des Übergewichtes. Daran kann ich auch eine Bauchstraffung nichts ändern. Da sind einfach noch Stellen mit zu viel Haut, bei denen man sich entscheiden muss, damit zu leben oder eben sehr viel Geld auszugeben, um sie entfernen zu lassen.

Aber auch diese Stellen außer Acht gelassen, bemerkt man plötzlich, dass man sich mit Körperregionen beschäftigt, die früher, da immer das Übergewicht im Vordergrund stand, so gar keine Rolle spielten.

Ich finde meine Arme z. B. ziemlich dürr und sollte die langsam wirklich mal ein wenig trainieren. Gedanken, die mir vor einiger Zeit niemals in den Sinn gekommen wären, mich nun aber hier und da beschäftigen. Natürlich soll das nicht heißen, dass man automatisch in den totalen Körperkult verfällt und einen übertriebenen Perfektionismus an den Tag legt. Es ist einfach so, wie bei ganz vielen „normalen" Leuten: Ich bin grundsätzlich mit meinem Köper zufrieden, schaue nur hier und da nach möglichen Verbesserungen im Sinne der Attraktivität.

Und das ist für mich ein ganz klarer Hinweis auf eine normalgewichtige Person. Mit anderen Worten: Die Entwicklung geht weiter, von „FETT" (Entschuldigung, ich wollte natürlich sage: von „EXTREM ÜBERGEWICHTIG") über „HAT TOTAL VIEL ABGENOMMEN" zu „IST TOTAL NORMAL".

Auch deshalb fängt es irgendwann an zu nerven, wenn alle ringsherum ständig erzählen, wie toll man abgenommen habe und dass es jetzt aber auch genug sei. Auch dazu mal zwei möglichst *klare Sätze:*

- *Man möchte nicht für den Rest des Lebens der „Ex-Dicke" sein!*

- *Nur weil Ihr mich fett erlebt habt und der Unterschied zur jetzigen „Normalität" so heftig ist, könnt Ihr noch lange nicht beurteilen, wie mein Zielgewicht sein sollte!*

Also freut Euch einfach für mich und mit mir, akzeptiert mein neues Äußeres als ab jetzt üblichen Zustand und schließt mit dem alten und extrem übergewichtigen Bild von damals ab; ich habe es längst!

These 2

Ich brauche eine engmaschige Grenze bzgl. meines Gewichtes!

Ich hatte ja bereits erwähnt, dass ich mir nach der ersten OP eine Grenze im Kopf gesetzt hatte, ab wann ich massiv etwas dagegen tun wollte, um nicht wieder fett zu werden.

Ich glaube, wenn ich ehrlich bin, hatte ich mir ganz am Anfang die 100kg Gewicht als Grenze gesetzt und später, diese dann auf +25kg hochgesetzt, ich bin mir nicht mehr ganz sicher.

Auf jeden Fall war das Quatsch und aus der Sicht „Normalgewicht" völlig unrealistisch. Jeder schwankt mal ein wenig mit seinem Gewicht und tut etwas dagegen, wenn es zu viel wird. Aber 25kg? Wer nimmt die denn mal eben zu und vor allem auch wieder ab? Ich denke heute, dass diese Zahl eine Mischung aus alten Denkmustern und erstem Misserfolg nach der ersten OP war.

Mit 170+kg nimmt man in der Tat mal eben 10, 20 und mehr Kilos ab, aber eben auch wieder zu. Außerdem habe ich wohl bemerkt, dass die Kilos doch recht schnell wieder stiegen und mir mit dieser hohen Zahl ein wenig Zeit verschafft, in der ich noch nichts dagegen tun musste.

Wie heißt es nicht immer so schön: Der Kopf wird nicht mit operiert!

Also habe ich daraus gelernt, dass diese Grenze im Kopf so niedrig sein muss, dass man es noch in den Griff bekommen kann, am besten innerhalb eines Monats. Also gibt es nun eine neue Grenze, die da lautet: 2-3kg, vielleicht 5kg maximal!

Das ist Grenze 1, das kann man in einem Monat in Ordnung bringen. Und dann gibt es noch Grenze 2, dass ist die, bei der ich einsehen muss: Ich brauche Hilfe. Ich kriege es scheinbar nicht mehr alleine hin.

Diese Grenze ist bei 100kg. Sollte ich in die Nähe kommen, muss ich mir Hilfe holen, denn da möchte ich nie wieder drüber. Ich hatte ja (hoffentlich verständlich) erklärt, wie das mit meinem Essen und verdauen nach den beiden OPs funktioniert. Solltest Du Dich jetzt fragen: „Ja aber kann der jetzt überhaupt noch zunehmen?" Ja, er kann!

Die zweite OP macht es zwar schwerer, aber es geht durchaus. Es ist und bleibt ein Kampf gegen alte Gewohnheiten.

Die OPs machen aber einen wichtigen Unterschied:

Durch den Schlauchmagen ist es überhaupt erst möglich, den Kampf aufzunehmen und der Bypass sorgt für faire Bedingungen.

Deshalb weiß ich mittlerweile auch, dass ich durchaus auf das Erreichte stolz sein darf! Am Anfang, wenn mir jemand gesagt hat, wie toll ich abgenommen hätte, habe ich immer abgewiegelt, dass es eine OP gab und daher nicht mein Verdienst sei, bla bla bla....

Was für ein Schwachsinn! Man beschäftigt sich lange Zeit mit Ernährung, stellt einiges um, kümmert sich für den Rest seines Lebens um solche Dinge und hat dann keine Anerkennung verdient?

Mittlerweile reagiere ich anders. Ich unterscheide, ob ich

von der OP erzählen will oder nicht. Bei Fremden, die das nichts angeht, freue ich mich über das Kompliment und sage nichts dazu; bei Menschen, die mir wichtig sind, freue ich mich auch, lasse mich feiern und sage gleichzeitig, dass ich Hilfe in Form einer OP hatte, bei Freunden natürlich auch im Detail.

Nichts desto trotz: Ich darf stolz auf mich sein und bin es in der Tat auch!

Das ist manchmal gar nicht so einfach. Man spürt leider nur zu gut auch den Neid anderer. Lustigerweise sind es selten sehr dicke Menschen, sondern eher normalgewichtige mit dem einen oder anderen kleinen Pölsterchen, die dann meinen, sie müssten neidisch sein, weil es bei mir ja so leicht war abzunehmen und sie die 3kg schon seit Jahren nicht loswerden.

In solchen Momenten muss ich mich immer sehr zusammenreißen. Am liebsten würde ich losschreien:

Einfach? Jahrelang, jahrzehntelang übergewichtig, bis hin zum Wunsch zu sterben, ein 7 Jahre langer Weg daraus, mit 3 Operationen, ein täglicher Kampf über Jahre, der nun endlich zu Ende ist? Wobei der besser gesagt im Kleinen weitergeht, nun aber zu fairen und machbaren Bedingungen.

Klingt das einfach, Du ignorantes Ar........?

Natürlich sage ich das nicht. Bei genauerem Nachdenken wird mir auch klar, dass das niemand nachvollziehen kann, der es nicht selbst durchgemacht hat und wenn man am Anfang (kurz nach der OP) alles 2-3 Tage ein Kilo verliert, dann muss es leicht aussehen, auch wenn es das nun wirklich nicht ist. Also beruhige ich mich wieder, zeige Verständnis und erwarte auch einfach kein totales Verstehen mehr von meinem Gegenüber. Gerade bei Menschen, die einem wichtig sind, ist das nicht immer leicht und man würde es sich anders wünschen aber es kann nicht funktionieren. Und insgeheim bin ich auch froh und dankbar, dass es so ist, denn den Weg wünsche ich keinem. Jedenfalls keinem, der nicht eh schon stark übergewichtig ist und einfach keine andere Wahl mehr hat!

These 3

Ich bin kein Anderer als damals, ich habe nur endlich die Gelegenheit, „ICH" zu sein!

„Ich bin kein Anderer als damals..." Findest Du den Satz ähnlich bescheuert wie ich, wenn ich ihn einfach nur so höre?

Mit Recht, denn ich bin doch augenscheinlich so anders! Viel dünner, beweglicher, aktiver, scheinbar selbstbewusster.... ich könnte lange so weiter aufzählen!

Willst Du wissen, warum ich trotzdem immer noch der Gleiche bin? Ich verrate es Dir: Auch damals, mit 175kg war ich ein schlanker, aktiver Mensch, gefangen im Körper eines völlig Anderen. Wie gern wäre ich aktiv gewesen. Wenn Leute von einem schönen Spaziergang erzählten, hätte ich spontan losheulen können, weil ich das nicht konnte. Macht man das? Natürlich nicht! Ich habe dann einfach angefangen zu behaupten, dass das absolut nichts für mich ist. Das Witzige ist, irgendwann habe ich angefangen, mir zu glauben. Ich war dann total überzeugt, dass ich eben andere Interessen hätte. Doch welche sollten das sein? Auf der Couch zu sitzen und mich vor dem Fernseher mit Essen voll zu stopfen? Ja, auch heute noch mache ich das ab und zu gerne, doch dann ist das eine willkommene Abwechslung von anderen Aktivitäten und nicht der einzige Lebensinhalt.

Als Kind war ich viel draußen, habe mich bewegt und gespielt und dabei Spaß gehabt. Ich war also gar nicht von Natur aus ein Bewegungsmuffel. Doch dieser Drang lässt sehr schnell nach, wenn man bei jedem Schritt zwei Liter schwitzt, nach drei Schritten außer Atem ist und sich dafür in Grund und Boden schämt. Ich erinnere mich (leider) noch sehr gut an eine Begebenheit aus meiner schwersten Zeit: Ich hatte ein Bewerbungsgespräch und war, weil ich von der Arbeit kam, spät dran. Also mal schnell meine 175kg die Treppen hochwuchten (natürlich gab es keinen Fahrstuhl), das Ganze auch noch im Anzug und dann oben ankommen, völlig außer Atem, einen Puls von 200 und der Kopf schweißüberströmt. Damit aber nicht genug, dann noch ein Stuhl mit Armlehnen und die ganze Peinlichkeit erleben, ständig begleitet von der Frage, ob man aus dem Stuhl wieder rauskommt oder ob er am Hintern steckt beim Aufstehen. Wer jetzt denkt, dass das wirklich „ICH" war und das alles meiner Natur entspricht, sollte sich selbst mal hinterfragen!

Dass ich den Job trotzdem bekam, machte das Gespräch übrigens auch nicht ungeschehen.

Zum Thema „selbstbewusster" möchte ich nur einmal ein Missverständnis aus dem Weg räumen: Man spricht zwar oft von Selbstbewusstsein, meint aber eigentlich Selbstsicherheit. Bewusst war ich mir damals nur bedingt, und das hat sich auch nicht total verändert. Ich habe mich selbst früher im Spiegel meist dünner wahrgenommen, als ich war und wurde durch Fotos ziemlich schockiert, wie fett ich darauf doch wirkte. Jetzt ist es eher umgekehrt mit dem Unterschied, dass ich auch im Spiegel bemerke, dass ich dünner bin, als ich manchmal denke.

Das Thema Selbstsicherheit ist natürlich besser geworden, weil ich mich einfach gar nicht mehr für mein Äußeres schäme. Im Gegenteil, manchmal (oder meistens) bin ich mit mir ziemlich zufrieden, das macht schon sicherer. ;-)

These 4

Ich sehe mich (noch) nicht durchge-
hend, wie ich wirklich aussehe.

Wie eben bereits erwähnt, kommt es immer noch vor, dass ich mich von Fotos von mir oder auch meinem Spiegelbild im Vorbeigehen überraschen lasse. Eigentlich sollte das nicht mehr passieren, ich weiß was ich wiege, welche Kleidergröße ich trage und doch ist es in meinem Kopf noch nicht ganz angekommen. Natürlich bin ich dann positiv überrascht, ich hoffe trotzdem, dass sich das noch ändert. Ich glaube, es ist schon ein angenehmes Gefühl, sich jederzeit bewusst zu sein, wie man aussieht. Trotzdem halte ich das auf der anderen Seite für ziemlich normal und glaube, dass es auch Menschen, die immer normalgewichtig waren, so geht. Man fühlt sich eben mal attraktiver und mal weniger attraktiv. Dazu kommen natürlich noch ein paar sichtbare Spätfolgen des Gewichtes. Die Haut an den Oberschenkeln ist etwas zu groß, an den Flanken auch, aber alles in allem ist das auch so total in Ordnung.

Natürlich steht der Plan, was ich am Tag nach dem Lottogewinn noch schönheitschirurgisch machen lasse, aber auch ohne dem, kann ich mich in meinem Körper durchaus wohl fühlen.

Und wieder bin ich perplex, dass solch ein Satz über meine Lippen kommt. Das wäre früher undenkbar gewesen!

An Tagen, wo mein Selbstbild besonders von der Realität abweicht, nehme ich mir einfach ein hautenges T-Shirt aus dem Schrank, ziehe es an und schaue ich eindringlich im Spiegel an und ZACK, Selbstbild ist korrigiert. ;-)

Kapitel 7 - Mein Weg - Teil 3

Was denn jetzt noch?

Schönheitswahn

Drang, seinen eigenen Körper (unter anderem durch Operationen) bis zur Perfektion zu verschönern

Keine Sorge, sowohl die Überschrift als auch die Definition gerade sind nur bedingt ernst gemeint. Ich möchte an dieser Stelle nur der Vollständigkeit halber erwähnen, dass mein Weg zur Normalität noch nicht ganz vollendet ist und es weitere Schritte gibt, die jetzt anstehen.

Wie bereits erwähnt, sind die Folgen einer starken Gewichtsreduktion nicht zu unterschätzen. Es gibt einfach etwas mehr Haut, als der neue Körper tatsächlich für die vollständige Bedeckung mit der Selbigen benötigt. Das ist an der einen oder anderen Stelle durchaus akzeptabel, an manchen wie gesagt nicht.

Die Bauchstraffung hatte ich ja bereits nach der ersten großen Abnahme in Angriff genommen und dazu kommt, dass auch der kleine Abstecher ins Übergewicht zwischen den beiden bariatrischen OPs nicht dazu geführt hat, dass diese Bauchstraffung umsonst war. Die anderen Stellen an meinem Körper, die in diesem Zusammenhang erwähnenswert sind:

- *Gesäß*

- *Oberschenkel*

Ich hatte mich eigentlich dazu entschieden, dass ich mit beiden Körperregionen in ihrem jetzigen Zustand gut leben könne.

Grundsätzlich ist das auch beinahe korrekt, allerdings (ich erwähnte ja bereits, dass ich mehr und mehr zu einer Normalität gefunden habe, die ich mir zu Beginn nicht mal ansatzweise vorstellen konnte) ändert sich dieses Empfinden eben auch manchmal.

Als meine beste Freundin ihren eigenen Weg aus dem extremen Übergewicht mit einer Schlauchmagen-OP hinter sich gebracht hatte und daher nun bei ihr auch das Thema „Wiederherstellungsoperationen" anstand, fasste ich einen Entschluss:

Warum soll ich mich mit etwas abfinden, was mich (mittlerweile) doch mehr stört, als ich zunächst angenommen hatte? Fällt Dir eine sinnvolle Antwort darauf ein? Mir nicht, daher war die einzig logische Konsequenz, sie zum Beratungsgespräch beim plastischen Chirurgen zu begleiten und dabei gleich mal zu klären, was in meinem Fall machbar sei und evtl. auch durch die Krankenkassen übernommen würde. Kurz gesagt, nach ein paar Verwicklungen mit einer ersten, sehr schlechten Beratung hatten wir einen vertrauenswürdigen Chirurgen gefunden und ich bekam die glückliche Nachricht, dass dieser für mich eine Gesäß- und eine Oberschenkelstraffung befürworten würde.

Zur näheren Erläuterung sei gesagt, dass ich folgende Probleme in diesen Regionen habe:

1. Das Gesäß ist bei mir 3mal vorhanden. Das heißt, dass die Po-Falte in drei, leicht nach unten hängenden Falten aufgeteilt ist. Das kann dazu führen, dass man sich diese Haut beim Setzen einklemmt, was nicht nur unangenehm klingt, sondern es auch ist.

2. Die Innenseite der Oberschenkel sind durch einen Hautwulst ergänzt, der da eigentlich nicht hingehört, dem entsprechen nicht gerade gut aussieht

und dazu auch noch beim Gehen reiben kann. Ich trage daher Retro-Boxer mit extra langem Bein, damit die recht eng sitzenden Unterhosen diesen Hautwulst bändigen und damit annähernd keine Probleme da sind.

Mit beiden Zuständen kann man durchaus leben, muss man aber nicht. Die Krankenkasse hat in meinem Fall (ja, es ist immer eine Einzelfallentscheidung) eingesehen, dass die beiden oben genannten Eingriffe medizinisch notwendig sind, was gleichbedeutend damit ist, dass sie diese OPs bezahlen.

Wirklich gerechnet hatte ich mit diesem Ergebnis nicht, umso mehr habe ich mich darüber gefreut.

Das heißt, in Kürze wir mein Hinterteil von drei auf eine Pofalte gestrafft und im nächsten Jahr dann noch der Hautüberschuss an den Oberschenkeln entfernt. Natürlich bergen beide Eingriffe gewisse Risiken, aber auch diese nehme ich gerne in Kauf, um dann sagen zu können:

Nun bin ich in einem „normalen" Körper angekommen. Ich spreche noch immer nicht von Perfektionismus, Körperwahn oder Ähnlichem. Auch wenn ich noch nicht beurteilen kann, ob ich irgendwann in der Zukunft auf die Idee komme, dass mich etwas Anderes doch so sehr stört, dass ich es beheben lassen möchte, so glaube ich nicht daran.

Der Weg in die Normalität war lang, das Gewöhnen an die neue Realität umso länger, daher habe ich eben zu Beginn unterschätzt, wie sehr das Eine oder das Andere eben doch stören kann. Ich behaupte jetzt einfach mal, dass mein Kopf mittlerweile in dieser Normalität angekommen ist, daher glaube ich, es nun sinnvoller beurteilen zu können. Wir werden sehen, in wie weit ich Recht behalte.

Es gibt allerdings einige Faktoren, an denen ich recht gut festmachen kann, dass ich angekommen bin:

- *Die Situationen, dass ich an einer spiegelnden Oberfläche vorbeigehe, mein Konterfei sehe und gar nicht meiner Person zuordne sind extrem selten geworden.*

- *Ich sehe im Spiegel das Bild von mir selbst, dass ich beim Hineinschauen erwarte.*

- *Ich kann auf den ersten Blick ziemlich sicher sagen, ob mir ein Kleidungsstück passt.*

- *Ich bekomme keinen Lachanfall mehr, wenn ich Kleidungsstücke von mir auf der Wäscheleine hängen sehe.*

Den letzten Punkt möchte ich - wegen seines Unterhaltungswertes - erklären:

Ich hatte noch nicht lange mein derzeitiges Gewicht erreicht, als ich an einem Wäscheständer vorbeiging und darauf ein paar Jeans und Unterwäsche meines Mannes und von mir hängen sah. Wenn man sich vorstellt, dass ich von einer Kleidungsgröße von 7XL komme und dann auf einmal eine Jeans in der Größe 30/32 sehe, die eindeutig mir zuzuordnen ist, kann man vielleicht verstehen, warum ich kurz Tränen lachen musste. Es sah einfach aus, als wäre meine Wäsche so massiv eingegangen beim Waschen, dass sie nur noch als Puppenkleidung zu verwenden wäre.

Dieses Empfinden hatte ich über ein Jahr lang und musste immer wieder schmunzeln, wenn ich mir vorstellte, dass dort tatsächlich meine Wäsche hängt.

Alles in Allem lassen mich diese Punkte erkennen, dass ich nun, wie bereits erwähnt in meinem neuen Körper angekommen bin und daher mache ich mir eher keine Sorgen über eine mögliche Schönheits-OP-Sucht oder derartige Entwicklungen. Ich freue mich einfach auf die letzten Schritte meines Weges und weiß, irgendwann im nächsten Jahr überquere ich die Ziel-Linie – nach gerade mal 12 Jahren.

Kapitel 8 - und dann war da noch...

Fazit

Ein Fazit (v. lat. facit für ‚es macht‘, ‚es ergibt‘, Mehrzahl: Fazite oder Fazits) oder Resümee bzw. in der Schweiz Résumé (vom französischen résumé, ‚das wieder Vorgenommene‘) ist eine wertende Zusammenfassung, in der meistens ein Ergebnis präsentiert wird und daraus Schlussfolgerungen gezogen werden. Es handelt sich um eine Textsorte, die im Regelfall am Ende eines Fachartikels, sonstigen Schriftsatzes oder einer Rede steht.

Ich habe jetzt viel darüber erzählt, wie mein eigener Weg war und wohin er mich geführt hat. Vielleicht ist Dir aufgefallen, dass ich zu den Auswirkungen auf die zwischenmenschlichen Beziehungen bisher wenig gesagt habe.

Es gibt schließlich nicht nur die Reaktionen von Anderen, da sind auch noch die eigenen Verhaltensweisen, die sich verändern.

Ich bin vom Typ her jemand, der gerne in Gesellschaft ist und auch gerne und viel für andere tut. Früher war das auch ganz praktisch, um von sich selbst abzulenken; man gewöhnt sich daran, sich hinten an zu stellen. Und doch merkte ich teilweise, dass ich auch nicht unwichtig bin und habe dann doch vermisst, dass es mal mehr um mich geht.

Auch das kann man verdrängen und mit Essen kompensieren, doch wenn mal diese Lösungsstrategie operativ entfernt, was dann? Im Grunde gibt es mehrere Möglichkeiten, damit umzugehen. Wegignorieren hat eine Zeit lang geklappt, doch auf die Dauer funktioniert das leider nicht. Ich kürze mal wieder deutlich ab, denn alles will ich hier ja auch nicht preisgeben.

Eine Beziehung, diverse Freundschaften und auch andere zwischenmenschliche Verhältnisse hat es mich gekostet. Es gab für mich dauerhaft nur eine echte Möglichkeit und die hieß „Neuanfang".

Sinnvoll begleitet wurde dieser Neuanfang von einer Psychotherapie. Ich rate jedem, der diesen Weg geht, sich auch in dieser Hinsicht Hilfe zu holen. Man sollte nicht unterschätzen, welche weitgreifenden Veränderungen in diesem Zusammenhang passieren und wie sehr das auch auf die Psyche wirkt. Dazu kommt, dass ein nicht zu vernachlässigendes Risiko besteht, dass die ganze Gewichtssituation ins Gegenteil umschlägt: Es gibt eine beachtliche Anzahl von Patienten, die im Zuge der bariatrischen Operationen in die Magersucht abrutschen. Ich habe diese Gefahr bei mir persönlich nie wirklich wahrgenommen. Trotzdem habe auch ich bemerkt, welches Hochgefühl die Waage verursachen kann, wenn die nächsten Kilos fort sind. Ich kann daher gut verstehen, dass man sich sehr stark dort hineinsteigert und eine neue Sucht entsteht, die mindestens genauso gefährlich und bis zu tödlich sein kann.

Während und nach der Therapie gab es eine grundlegende Verhaltensoptimierung bei mir. Vielleicht fällt Dir auf, dass ich von einer Veränderung meines Verhaltens und nicht meiner Person spreche! Ich bin immer noch kein Anderer, aber ich verhalte mich anders.

Ich habe aufgehört, alles zu hinterfragen und gehe einfach auch mal nach meinem Gefühl, denn ich habe festgestellt, seit ich meine Gefühle nicht mehr verdränge, kann ich mich auch ganz gut auf sie verlassen. Und wenn sich etwas wirklich gut und richtig anfühlt, dann ist es das vielleicht auch.

In diesem Punkt habe ich mich also auch tatsächlich verändert, wobei ich das eher ein Weiterentwickeln nennen möchte.

Ansonsten bin ich nun endlich der, der ich unter der Fassade des Dickseins schon immer war. Das heißt nicht, dass jetzt alles einfach und nur noch gut ist, aber doch deutlich einfacher und viel besser als früher. Und dazu habe ich die Chance auf eine relativ hohe Lebenserwartung, was vor 10 Jahren eher hieß: Wenn sie 40 oder älter werden, ist das schon eine Leistung!

Daher wünsche ich allen, die mit massivem Übergewicht und den daraus folgenden Schwierigkeiten und Einschränkungen zu tun haben, dass sie es schaffen, sinnvoll zu entscheiden, ob es einen anderen Weg als eine bariatrische Operation zur Gewichtsreduktion für sie gibt und falls sie zu der Entscheidung kommen, dass dem nicht so ist:

Informiert Euch so umfassend es nur geht, werdet (vorher, während dessen und danach) zum Experten Eures eigenen Köpers und habt ganz viel Spaß an der Veränderung und dem Leben 2.0!

ENDE!

Zeitfracht Medien GmbH
Ferdinand-Jühlke-Straße 7
99095 Erfurt, Deutschland
produktsicherheit@kolibri360.de